管理就是
用对人 做对事

不懂管人理事，你永远都是劳碌命

狄振鹏◎著

金城出版社
GOLD WALL PRESS

图书在版编目(CIP)数据

管理就是用对人做对事 / 狄振鹏著. —北京：
金城出版社，2017.5

ISBN 978-7-5155-1486-4

Ⅰ.①管…　Ⅱ.①狄…　Ⅲ.①管理学-通俗
读物　Ⅳ.①C93-49

中国版本图书馆 CIP 数据核字（2017）第 150167 号

管理就是用对人做对事

作　　者	狄振鹏
责任编辑	李铁武
开　　本	710 毫米×1000 毫米　1/16
印　　张	17
字　　数	220 千字
版　　次	2017 年 8 月第 1 版　2018 年 4 月第 3 次印刷
印　　刷	三河市百盛印装有限公司
书　　号	ISBN 978-7-5155-1486-4
定　　价	58.00 元

出版发行	**金城出版社** 北京市朝阳区利泽东二路 3 号　邮编：100102
发 行 部	(010)84254364
编 辑 部	(010)64391966
总 编 室	(010)64228516
网　　址	http://www.jccb.com.cn
电子邮箱	jinchengchuban@163.com
法律顾问	陈鹰律师事务所（010)64970501

前言

FOREWORD

公司治理得井井有条，下属被管得服服帖帖，但是团队执行力却糟糕透顶。毛病出在哪里？

花重金从名企“挖来”的优秀人才被“培养”成混日子的废材，这样的管理效果，团队执行力不糟糕透顶才怪呢？这样的管理者，还敢说自己懂管理？

管人是一门学问，不是把优秀人才招来，他们就能自动自发为企业创造效益，这里需要倾注管理者的心血。

管理者把人管好了，一切的管理问题都不再是问题。道理很简单，但是要落地很难，因为“驾驭”优秀人才本身就是一项特殊的能力。

所谓“以义聚人，以志励人，以助立人，以信取人，以情感人，以理服人，以身带人，以法制人”，正是优秀团队管理的心得。以人为本是管理之道，制度、考核、激励、绩效等一切管理手段只是术。有道无术，术尚可求；有术无道，道止于术。然而，“以人为本”不是空话，管理者需要思考的是如何通过企业的运营管理机制、人员优化整合机制、绩效考评机制等多方面因素成就他人，从而成就自己。

孔子曰：礼以行义，义以生利，利以平民，政之大节也。治国如此，治理企业同样如此。以人为先，先做人，再做事。从管理的角度来说，先把人管好、带好、培养好，企业的产品开发、市场占有、销售业绩等不过是水到渠成的事。

目 录
CONTENTS

CHAPTER 1 以义聚人——先笼人心才能得“天下”

义是中国传统文化的精髓之一，义在而人在，义去而人散。从现代社会心理学的角度来看，义是人与人之间的一种感情的互动：你对我好，我会投桃报李，对你更好，循环往复，双方的关系就会牢不可破。在管理中，也可以用义这种情感来强化团队成员之间的关系，从而达到团队的安定和“大治”。

CHAPTER 2 以志励人——为每位员工规划未来

志即志向、理想，或是未来的一种奋斗目标。成功的团队往往都有自己的“志”，这不仅是为自己定了前进的目标，对团队成员也是一种激励。所以，管理者应该善于以志励人，激发下属的工作热情，拥有克服困难的信心。

CHAPTER 3 以助立人——最好的管理是帮助员工成长

团队管理需要关心，需要人情味，更需要为下属提供优秀的发展平台。我们这里所谈的关心包括对下属生活的关心，但不仅限于此，还要求管理者洞察下属内心深处的需求和渴望，然后给予合理的满足。

CHAPTER 4 以信取人——先信任员工才能被员工信任

世无诚信不宁，国无诚信不稳，业无诚信不旺，家无诚信不和，民无诚信不立，官无诚信不忠。诚信是一个人的立身之本、立德之基。作为团队的带头人、掌舵人，只有真正做到言必信，行必果，以身作则，以信取人，带头讲诚信，做诚信的模范，才能赢得全体成员的支持。

CHAPTER 5 以情感人——关心员工让管理充满人情味

先赢得人心才能管理好团队，而征服人心往往是很难的。管理者对下属进行感情投资，先付出才有收获。人都是有感情的，以情感人，下属岂能无动于衷？情感投资是一项长期工程，只要肯付出，就会收获意想不到的效果。

CHAPTER 6 以理服人——让员工心悦诚服

管理者与员工之间难免会产生一些误会和矛盾。面对误会和矛盾，管理者需要以理服人，尤其是在处理关键问题时，要抓住症结，晓之以理，动之以情，让员工意识到问题比什么都重要。总之，以理服人才能让员工心悦诚服。

CHAPTER 7 以身带人——做只领头羊永远冲在最前头

常言说，做事先做人，律人先律己。管理者要想服众，就得以身作则，严格要求自己，在员工心中树立威信，做好表率。这样才能以德服人、以力御人，从而取得员工的信赖和认可。

CHAPTER 8 以法制人——制度管人，流程管事

万物皆有法，法代表准则和规范。企业要有明确的制度来规范日常行为，才能保证和谐长久发展，否则一切都会乱套。管理者要习惯依赖于法治，把制度作为团队监管的重要纲领，将团队引导到正确、规范的道路上，真正做到制度管人，流程管事。

C H A P T E R 1

以义聚人——先笼人心才能得“天下”

义是中国传统文化的精髓之一，义在而人在，义去而人散。从现代社会心理学的角度来看，义是人与人之间的一种感情的互动：你对我好，我会投桃报李，对你更好，循环往复，双方的关系就会牢不可破。在管理中，也可以用义这种情感来强化团队成员之间的关系，从而达到团队的安定和“大治”。

1. 共赢天下，义是打造团队的法宝

提到义，总是能想到很多历史人物，关羽、宋江、岳飞……一个个名字如雷贯耳。也正是因为“义气”二字，他们组建了自己最具有凝聚力、最有战斗力的团队——刘关张铁三角；梁山好汉揭竿而起，将赵宋王朝搅得天翻地覆；岳家军，保家卫国威震四方。正是因为有了这么一群讲义气的人，才做出了伟大的事业，使他们在利益面前不被诱惑，在困难面前决不低头。

然而，在如今的很多企业团队中最缺失的恰恰是义这种精神。一个

人创业也好，做管理也好，总不能单枪匹马地干，有自己的团队是必要的条件。这点大部分人已经意识到，但作为一个团队老板，或者一分子，如何处理队员之间的关系却很少人能悟透。

企业团队缺失义的例子比比皆是，如：

著名的西少爷散伙事件；

在线教育网站泡面吧分家事件；

以及各种私募屡现的分家。

单论他们，个个都是才华横溢、天赋出众的年轻人，要管理有管理才能，要做事有做事智慧，做风投有风投的胆魄，达到了很多人无法企及的高度，令不少同行羡慕。然而最终却总是逃不过分家的"厄运"。为什么结合在一起反而削弱了呢？原因是多方面的，与当前的大势有很大的关系。

当前流行的是快餐经济，一切都是利字当先，终身大事都可以闪婚闪离，何况大家凑在一起做一件事？很多人组建一个团队，目的是"天下武功，唯快不破"，生怕脚步稍慢就错过了风口，再也飞不起来。于是恨不得今天有什么想法，明天就组建团队，后天直接约见风投要钱干起来——有些人仅仅在咖啡馆或者网络上聊了几句，感觉差不多就组合在一起了。这样一来就难免出现"萝卜快了不洗泥"的情况。这都是隐患。

想快并没有错，但要有足够的时间去挑选合伙人，去融合。否则真正在一起做事情时才发现彼此竟是如此陌生，必然会隔阂、分歧不断。

除此之外，还有很多原因：彼此的观点不同，做事方式不同，利益分配不均，以及一些奇葩的理由——你抢了我的风头，等等。久而久之，在业界似乎形成了一个怪论：一山不容二虎，一个团队中容不下两个以上的有本事、有能力的人。

这些观念看似很合理，很有道理，但是仔细分析一下，真正的原因在于他们内心对彼此的不认可，不忠诚，缺乏“义”字精神。义气，是人与人之间感情互动，是人心的交换，是团队的灵魂。

对于企业来讲，搞好团队建设同样离不开“义”字精神。自古以来，中国被认为是最讲义气的民族，现如今虽然时代变了，但同样需要讲义气。领导没有一点“义”字精神如何与同事相处，如何管理员工，延揽人才？“义不负心，忠不顾死”，忠义是一个团队的灵魂，而一切忠诚是以义为前提的。只有相互之间有了义，才可能彼此忠诚；正是因为了有了义，才能共同克服遇到的困难、存在的分歧；也正因有义的存在，每颗忠诚的心才能跳动着，前进的旗帜才不会倒下。

义在而人在，义去而人散。以义而相聚，会因义气长相厮守。对合伙人有情有义，才能精诚合作；对员工有情有义，才能获得无私忠诚。你对我好，我对你更好，如此投桃报李，循环往复，相互之间的关系牢不可破，社会坚如磐石。由讲义气的人组成的一支忠诚的团队，就是一支百折不挠的力量。

因此，在团队管理中，管理者需要通过人与人之间的情感互动来牢固团队成员的关系，最后达到团队的安定和“大治”。团队成员团结起来，互相沟通，互相帮助，互相学习，不存私心，放弃自我，从大局出发，朝着共同目标进发。这就是以义聚人的核心价值。

2. 与下属同甘共苦，拧成一股绳一起干

一个企业无论规模大小、实力强弱，只要企业老板能与下属并肩作战，同甘共苦，就必然能得到下属拥护，使企业获得一种向心力、凝聚力，使下属的精神状态、工作积极性及创造力饱满膨胀。

20 世纪 80 年代，下海大潮刚刚兴起，很多公司往往是这样的情景：一个老板，几个下属，简单的设施，也没什么资金、技术，几乎是一穷二白。最后就靠着几个人的同心协力，公司突飞猛进，成为商业帝国。这样的例子数不胜数。

> 1987 年，任正非 43 岁，从部队转业来到改革试验田的深圳，成为南油集团下属一个电子公司的经理。然而，他并非甘心只做池中鱼，而是一直在寻找机会准备大干一场。为此，他有时很苦恼，时常徘徊在深圳街头。令他没有想到，好运气降临到他身上。
>
> 当时，改革开放已近 10 年，全国的经济状况明显好转。就在这年，政府的经济建设目标变得十分明确，提出了中国经济建设分三步走的总体战略部署，而任正非所在公司负责的产品程控交换机也正处于一个急速变革的关键时刻。
>
> 任正非在公司主要负责程控交换机推广，这个产品在 20

世纪80年代就有，当时的邮电部邮电科学研究院，通过“六五”计划、“七五”计划研发出了中小容量的程控交换机。但是当时这样的一些成果，要转化为产业，特别是成为商用化的设备，还是有很大的距离。任正非感到进入21世纪后通信产业必将会突飞猛进大发展。

43岁拉起旗帜单干的任正非，在这个时候突然表现出了他的商业天才。

1991年9月，华为租下了深圳宝安县蚝业村工业大厦三楼，最初有50多人，开始研制程控交换机。这里既是生产车间、库房，又是厨房兼卧室。十几张床挨着墙边排开，床不够，用泡沫板上加床垫代替。所有人吃住都在里面，不管是领导还是下属，做得累了就睡一会儿，醒来再接着干。这是创业公司常见的景象，只不过后来在华为成为传统，被称为“床垫文化”，一直到华为漂洋出海与国外公司直接竞争的时候，华为的下属在欧洲仍然打起地铺，令外国企业叹为观止。

国内有这样的例子，国外也有这样的例子，东芝公司总裁土光敏夫也有与下属同甘共苦的高尚品质。

有一次，土光敏夫去工厂视察工作，天公不作美，途中遭遇倾盆大雨，但他依然赶到工厂，下了车后拒绝打伞，对站在雨中的下属们讲话，反复强调“人才是最宝贵的”这一道理，以此激励大家。

这一举动令下属们非常感动，他们将土光敏夫团团围住，认真地倾听着他讲的每一句话。炽热的语言把大家的心连到了一起，使他们忘记了自己是站在瓢泼大雨之中，激动的泪水从大家的眼睛里流淌出来。

讲完话后，土光敏夫的衣服早已湿透了。当他上车准备离去时，激动的下属们一下子把他的车围住，一边敲着汽车的玻璃窗，一边高声喊道："社长，当心感冒！您只有保重好身体，才能更好地工作。您放心吧！我们一定会拼命工作的！"

面对这些为了自己公司的兴旺发达而努力拼搏的下属们，土光敏夫真的感动了，再想想自己的职责，就更加坚定了他与下属们同甘共苦的决心。

这些人的成功靠什么？除了敏锐的商业天赋外，靠的就是心里始终装着下属，与下属同甘共苦、患难与共的意识，靠的就是能够调动全体心往一块想、力往一处使的工作作风。当大家都朝着一个目标奋斗时，还有什么困难克服不了？还有什么能阻止他们？

任何一个人的成功都需要许多人的协助，做团队工作同样也离不开每个下属的协助。所以，老板要讲点义气，虽然职位上有高低之分，但在人格上不能高人一等，要能与下属同甘共苦。这样，下属才能尽全力做好自己的工作，自愿协助老板共创辉煌。

失败的老板，其失败的原因各有不同，但成功的老板都有一个共性，那就是能够与下属同甘苦、共患难。拥有这种工作作风未必就能够获得良好的效果，但可以肯定的是如果不能与下属同甘苦、共患难，那么管理就必定达不到预期目的。况且，对于一个企业、一个团队来讲，下属是生存之本，是发展之源。纵观大大小小的企业，在整个发展过程中都不可避免有运气不佳之际、深处逆境之时，这时仅凭几个领导的力量是不足以应对的，必须调动起整个公司所有下属的力量。

这时，一个出色的老板应将自己定位为一个“舵手”，任务是看准方向，动员所有下属，面对困难，共同努力。假如仍端着架子，颐指气使，指使下属这样做、那样做，公司这艘“危船”早晚会被大海淹没。

一个企业的发展、壮大依靠老板与下属共同努力，同舟共济，而患难与共之中形成的上下关系才是最牢固的关系。身为老板，一定要做到与下属同甘共苦、安不忘危，才能使事业蒸蒸日上。

很多时候，与人共患难并不是一件困难事，因为危难情况下，共渡难关、同舟共济往往是唯一选择；困难的是在危难之后，苦尽甘来，仍能与下属共享安乐。

综上所述，作为一名企业、团队领导，身处逆境时应与下属共渡难关，在时来运转时也千万不可独自居功，独享成果。这样才能在下属心目中树立威望，得到下属的爱戴。若是翻脸不认人，过河拆桥，那么势必会为下属不齿——有谁会愿意在这种人手下做事？下属不是早早走人，就是人在曹营心在汉。

与下属同甘共苦是一种管理理念，应该贯穿于整个管理活动中，在身处逆境时，与下属共渡难关；在身处顺境时，与下属共享成果。唯有如此，才能赢得威望，得到下属爱戴，共同开创大业。一个好的团队应该是“胜则举杯相庆，败则拼死相救”。

3. 共享荣誉，荣誉是团队的，更是每个人的

袁华是某杂志社的主编，很有才气，主编的杂志经常会被评选，获得大奖；主管的部门也常常被评为先进的典范，学习的楷模。但他十分爱炫耀，常向人夸耀自己的荣誉。久而久之，他发现单位同事——包括几个得力干将——似乎都在和他过意不去。

袁华为什么会遇到这样的局面？原因其实很简单，他没有把荣誉与杂志社的所有成员分享。杂志之所以能获奖，部门之所以能被评为先进，他个人的贡献虽然很大，但也离不开其他人的努力，因此他们当然也应分得这份荣誉。

荣誉需要分享，集体的荣誉更需要分享。一个团队所取得的成就，取得的成功，是每个成员通力合作、共同努力的结果。作为企业领导就需要让这种荣誉回归，分享给每个为此付出的人。

只有分享才能共赢，不懂得分享的人，其实就是不懂得管人、带人，最终难免会被大家离弃。因此，当你所领导的部门、团队因为表现出色获得荣誉时，千万不能忘了与一起拼搏努力的团队成员分享。

分享意味着不吃独食，古语有云：与君同行，分之即得之！意思是说和别人在一起，如果你愿意和身边的人分享你的东西，那么得到的一定比失去的多。一个团队或组织的成功与壮大，离不开全体下属的共同努力。当取得成绩的时候，一定要和团队成员以及组织所有的人分享荣

誉，让每个人都相信成绩是大家的。只有分享荣誉才能促进团队的团结，才能促进公司的发展，才能成就辉煌的事业。

叔本华说：“单个的人是软弱无力的，只有同别人在一起，才能完成许多事业。”分享是团队团结和信任的纽带，只有与他人共享资源和机会，才能在团结互助的氛围下合作共赢。一个成功的人，应该懂得与他人分享荣誉，如果一个人独享，最终的结果是自己也享受不到。

马云在点评《赢在中国》一位选手的时候，说道：“你自己很善良，也很有激情，也很幽默，也会讲很多的故事，但你的团队离开你的时候，你要想到一点，我们需要雷锋，但不能让雷锋穿补丁的衣服上街去，让他们跟你分享成功是很重要的。”的确，一个团队或企业若想获得长远的发展，人心向背是最重要的。毕竟老板个人的力量是有限的，一个人好了、富了不算什么，只有让下属满意才能使团队或企业加快运转，在竞争中立于不败之地。假如你是个喜欢独占功劳的领导，相信你手下的优秀人才也不会为你卖力。反之，如果你乐于和下属分享成功的荣耀，他们做事也会分外努力，希望下次也一样成功。

迈克尔·乔丹，被誉为历史上最伟大的篮球运动员。他在结束自己的篮球生涯时说：“在别人看来，我站在篮球世界的顶端，但是我明白自己所取得的任何成绩都是和队友们以及教练一起努力的结果，也离不开每一个支持、鼓励我们的球迷们。荣誉属于你们每一个人，我只是幸运的作为代表，一次次地领取奖杯。”

事实也是如此。乔丹在每一场比赛中都和队友团结一致，争取胜利；胜利后即和队友们分享喜悦。乔丹的打球技术是超强的，几乎每个人都想知道他的练习方法。对此，乔丹从来不隐瞒，他发现某种方法确实有效时，就与大家一起分享，互相切磋球技。

正是乔丹这种善于将荣誉无私分享的精神，使得皮蓬、罗德曼等一大批 NBA 巨星甘愿紧紧地团结在其周围，做绿叶，共同为公牛队带来一个又一个冠军。从这个角度看，乔丹毫无争议地成为公牛队的进攻核心和精神领袖。这就是乔丹的伟大之处，不仅仅因为有高超的球技，更多的是精神上具有的激励、凝聚作用。

马云、乔丹的事例告诉我们：任何成功都是群体团结劳动的结果，只有分享才能避免劳而无功，只有分享才能共赢。分享让团队内部的资源充分得到共享，让每一个人心中都涌现对集体的深厚感情和美好愿望，积极地为着共同的辉煌未来努力。

将荣誉用各种各样的方式跟他人一起分享，共同享受荣誉带来的快乐，这样才能使每个人升华实现自身价值的存在感。在一个团队中，分享应该成为平时工作的一个常态。有些时候，你可能对荣誉当之无愧，然而，通向荣誉的路途离不开帮助你的那些优秀下属的配合。所以，与他们共享荣誉也是你应该做的。你要有与下属共享荣誉的胸怀，以各种形式让他们分享荣誉及荣誉带来的喜悦。这种喜悦会使他们得到实现自身价值的满足，这种满足在以后的工作中会释放出更多的能量。

从现在起，分享荣誉，你的团队工作将开展得更加顺畅而高效；从现在起，分享荣誉，你的团队的精神将更加奋发向上；从现在起，分享荣誉，你将拥有一支富有凝聚力的队伍。只有这样才能在之后的工作中，促使团队中的每个人倾其所能，为团队做出最大共享，释放出更多的潜能。

4. 敢于承担责任，为下属的过失埋单

常言说：“人非圣贤，孰能无过。”任何人都难免会犯错误。在团队管理中，每个老板都面临着如何处理犯错误下属的问题。千万不要小觑这个问题，这是衡量一个老板会不会用人、会不会教育人、会不会团结人、会不会调动人积极性的重要标志。

在具体的工作中，下属总会出现这样或那样的过失错误，包括客观、主观原因造成的。那么，这些责任应该由谁承担呢？或许有人提出，当然是谁犯错谁负责了。其实不能这样武断，责任如果全部由下属承担，其稚嫩的肩膀很难承受住来自方方面面的指责和压力，甚至造成更严重的后果。

因此，作为老板，在适当的时候，在不失原则的前提下，应勇于为下属揽过。所谓“揽过”就是主动承担责任。揽过不是为了庇护，而是为了员工能改过，能反思自己的行为。敢不敢“揽过”，能不能“揽过”，也从一个侧面反映了老板是否具有敢于负责的精神。

中国台湾著名管理培训大师余世维曾在多家公司任职，他每到一处都能赢得下属的尊重与追随。这是因为他善于维护下属的利益，遇到问题首先自己承担下来，不推卸责任，从不会肆意将错误归咎于下属。他时常说：“员工有错，老

板首先要承担大部分责任，甚至是全部责任，下属的错误就是公司的错，也就是老板犯下的错误。”

有一次，公司决定进口50辆前窗可活动型豪华轿车，余世维带领团队负责与对方谈判。他在和客户谈妥条件之后，就将一些细节问题及合同签署事宜交给下属去办理。可交货时，余世维才发现这批轿车与谈判前承诺的不大一样，他马上意识到可能是下属的疏忽。但他却表现得异常冷静，独自来董事长办公室汇报了这件事情，并承担了全部责任。

言语中透露出是因为自己一时疏忽而导致发生这样的事情，同时，他又向董事长承诺，他会马上弥补过失，绝对不让公司利益受损失，否则任凭处置。最后，余世维再次与对方谈判，说明情况，将50辆车全部调换。下属在得知这件事情后，非常感动，主动承担责任，竭尽全力辅助余世维处理此事，并在以后的日子里加倍努力，用优异的业绩回报恩情。

在团队管理中，一个优秀的、卓越的老板最能打动下属的行为，莫过于敢于主动揽责，承担责任。要让下属放下因犯错而带来的包袱和压力，轻松地面对自己犯过的错误。事实说明，老板为下属承担责任，下属往往会心怀愧疚、感激，反而更愿意承担属于自己的责任。余世维就是这样的领导，就在他承担责任、解决问题的同时，也深深赢得了下属的尊重、敬佩和追随。

所以，作为团队的领导，必须有主动为下属承担责任的勇气和胸襟。这是两全其美的事情。这样做，在比自己职位低的下属看来，说明你敢于负老板责任，不把一切过错推给他们，值得信赖；在比自己职位高、权力大的上司看来，说明你是个责任心强、勇于负责的人，促使其敢于把一个单位或部门交给你。

东汉的钟离意因为很有才能被提升为尚书仆射。有一年，一伙匈奴人来投降汉朝，明帝大喜，命令钟离意负责接待，并给他们些珠宝、绢绸等赏赐。钟离意遂将此事交给了手下的一名郎官办理。不料，这名郎官在办事时不细心搞错了赏赐。

明帝得知此事，大发雷霆，下令要对郎官用酷刑。作为此事的负责人，钟离意自知责任重大，便匆匆觐见皇上。叩头请罪道：“做事犯错，人人在所难免，既然事情已经发生，就应当以官位的高低来定罪。这件事由我负责，所以论罪也应当从我开始，从重处理；郎官是我的下属，就应当从轻处理。请皇上明断。”说着就要脱去衣服接受惩罚，明帝见钟离意情愿接受惩罚，怒气也就随之消了一大半，即令他穿上衣服，免去惩罚，也宽恕了郎官。

在下属犯错误后，勇敢地替其承担责任，是一个老板最应该有的基本素质。一个怯懦、不敢承担责任的老板是不可能将员工聚拢在一起的，更不可能组建一个卓越的、充满战斗力的团队。要想组建一个卓越的团队，先决条件就是具有强烈的责任感，带动下属心甘情愿、脚踏实地地努力工作。

在团队管理过程中，下属出现这样、那样的问题不可避免，作为老板必须敢于为下属承担责任，关键时刻挺身而出。很多时候，老板即责任者，下属的错就是老板的错，因为下属犯错，很大程度上说明自己没有尽到责任。这样的话，下属被处罚，老板应该首当其冲，不找借口，不辩解。

当然，我们提倡老板勇于为下属揽过，并不是主张什么事情都必须揽在自己身上，任何错误都应该承担下来，而是要根据错误的性质、大小，以及善意的还是恶意的等多种因素，进行合理分析。具体情况具体对待。一般来讲，从微观层面讲，原则上是谁的责任就该由谁负责，这也是责任制的一种体现；但从宏观层面，从团队的整体利益来看，就不单单是某个员工的责任，作为主管这个团队的老板首先应该勇于承担。

5. 有容乃大，有大肚量方能成大业

“海纳百川，有容乃大”，宽容是人的一大美德，也是取得事业成功的重要条件。作为一名老板，要具有宽宏大量的风范，以责人之心责己，以谅己之心谅人，凡事多体谅下属，多站在下属的角度想问题，做决定。

优秀的团队老板总能告诫自己，处处以大局为重，以团队利益为重。放眼古今中外，凡是有所作为的优秀老板，都具有宽广的胸襟与宏大的器量，以此广聚人才，共创辉煌。

爱德华·利比是一家玻璃制造企业的老板，一次，厂里的工人在欧文等人的鼓动下发动了一次罢工。这次罢工使利比损失惨重，他被迫做出迁厂的决定。迁厂时，利比带走了大批罢工的工人，其中也包括这次罢工的主要负责人欧文。

由于利比认为欧文是一个难得的人才，于是抛弃前嫌，重用欧文，3 个月后欧文的改革建议也被采纳。1898 年，利

比让他试验一种生产玻璃的机器。欧文经过努力于1903年获得成功，实现了自动化生产。随后，利比还大胆地拨出一笔钱作为欧文20年的研究费用。在欧文的努力下，公司又改进了平板玻璃的制造方法。经过一系列的改进，公司的规模越来越大，盈利越来越多，利比也成了有名的玻璃生产商。

利比的成功之处就在于不计前嫌，重用有能力的欧文。面对利比一次又一次的重用，欧文为自己曾经对利比造成的伤害感到内疚，为报知遇之恩，从而更加努力地工作。

俗话说：“宰相肚里能撑船。”讲的就是领导要心胸开阔、豁达大度——这是老板应有的风度。

老板是一个团队的掌舵人，要想吸引下属、征服下属，凝聚下属的力量，进而成就一番事业，必须具备宽容的良好品质。一个宽宏大量、与人为善、宽容待人、能主动为他人着想和帮助别人的老板，一定讨人喜欢、被人接纳、受人尊重、具有魅力，因而能够更多地体验成功的喜悦。而一个总是以敌视的眼光看人，总是对周围人存戒备之心的人，心胸狭窄，处处提防，必然会因孤独而陷于忧郁和痛苦之中。

心胸宽则能容，能容则众归，众归则才聚，才聚则事业强。也就是说：心有多大，事业就有多大；胸怀有多宽，事业就有多广。有人形象地说：“你能容一个班的人，只能当班长；能容一个团的人，只能当团长；能容亿万人的人，才能成为领袖。”

作为老板，在下属面前应显示自己的大度，尽可能原谅下属的过失；对那些无关大局的事，不可同下属斤斤计较，能忍则忍，能让就让。要知道，对下属宽容大度，是制造向心效应的有效手段。

一次，宋太宗在北园设宴，请大臣一起饮酒作乐，共庆边关征战取得胜利。请的大臣包括殿前都虞侯孔守正和左骁卫大将军王荣。这两人平时不和，为争功常常明争暗斗。席间，孔守正喝得酩酊大醉，趁酒意便与王荣争论起征战边关的功劳来。二人越争越激动，越争越气愤，竟然将宋太宗晾在一边。侍臣实在看不下去就奏请宋太宗将两人抓起来，送到吏部去治罪。宋太宗平静地笑了笑没有同意，且吩咐人把他们照顾好，分别送回家去。

第二天，孔守正和王荣惴惴不安，深为自己的鲁莽行为害怕，于是他们一起赶到金銮殿向皇上请罪。出乎意料的是，宋太宗表现出一副全然不知的样子，说："朕也喝醉了，实在记不得发生过什么事。"

两人走后，侍臣不解地问宋太宗："您明明没喝醉，为什么说自己也喝醉了呢？"宋太宗说："编个喝醉了的理由，对他们的冒犯不加追究，既没有丢失朝廷的面子，又能让两位大臣警觉自己的言行，达到惩前毖后的作用也就够了。"

宋太宗宽以待人的小事，对当今的老板来说，有其难能可贵的借鉴作用。

人常说："高层领导看胸怀。"一个老板能否有成就，在很大程度上与他的胸怀有关。领导者的胸怀直接关系其作风，胸怀是作风的表现，作风是胸怀的特征。老板的胸怀问题，不仅仅是个人行为问题，它直接关联团队形象，影响团队战斗力。所以，老板一定要不计前嫌，注重现实，着眼未来，团结共事，以实际行动让员工感受到有容人的雅量，从而获得信赖和支持。

总之，老板要想成就一番事业，就必须有恢宏的气度，能容人所不能容，忍人所不能忍，善于求大同存小异，团结大多数人。这样，才能充分发挥领导的职能，使“智者尽其谋，勇者竭其力，仁者播其惠，信者效其忠”，创造生动活泼、蓬勃向上的工作局面。

宽容很重要，但是有一点需要强调——容人是有原则、有条件的。容人所提倡的是严于律己、宽以待人，但不是不分青红皂白地容忍一切。容当其时、容当其事、容当其人，才是“容”得其所；如果凡事都“宽宏大量”，甚至“容人腐败”“容人犯法”“容人作怪”，那就不是“容人”，而是“毁人”了，不仅“毁人”而且“毁己”。因此老板要掌握好什么时候该容，什么时候不该容。

6. 求同存异，善待“异己”更易收拢人心

从心理学上讲，人只喜欢与自己有相似之处的人相处，而且相同点越多，喜欢的程度越深。日常行为中可以这样，无可厚非，但在团队管理中则往往不可，如果一个老板在组建团队时，只要自己喜欢的，那么这支团队的人员结构未免过于单一。

如果团队所有成员做事情只有一个意见，一个答案，这对团队的发展十分不利。因此，一个团队需要多元化的人员构成，以便在工作中发

出不同的声音，面对新问题可出现更为多样化的方案，出现有创意的观点和方案。

由此可以得出一个结论，那就是一个团队需要有“异己”存在，只要他们有思想、有想法，都应该吸收进来，为己所用。

作家贾平凹说过这样的话：“爱我的人和支持我的人是在前面拉着我，给我以滋润和鼓劲；恨我的人和反对我的人，是在后边推我，给我以力量和督促。正是这反反正正两股力量的作用，成就着我这50年。”

这说明，任何事物的发展都是正反两方面共同作用的结果，做一件伟大的事情，光有正面的赞美和鼓励是不行的，还需要有反面的激励和鞭策。同理，一个团队中不但要有志同道合之人，还要有很多与自己持相反观点的人。不同的人恰恰是一个团队所需要的，因此，作为团队的领导，必须学会善待“异己”。

一位记者朋友去采访某乡镇企业的负责人，这是位在当地小有名气的民营企业家。

在聊的过程中，谈起企业管理问题，他却连连抱怨现在的企业越来越难管了。原来，在董事会上他的提案再次被否决。

接下来，他略带埋怨的语气继续说道：“企业刚创立的时候，规模小，员工的文化素质普遍不高，但干什么都比较顺心，我指东没有人往西。现在倒好，规模上去了，效益也翻了几番，又招进了大批高学历的人才。按说应该更得心应手了，可事实上我的话现在不灵了，常常有人唱反调。

“就说生产果汁这件事吧。你知道一瓶汇源或是茹梦，饭店卖十几、二十元。咱这个地方有的是果子，要是上了果汁生产线，你想想那利润！可几个副老总愣是不同意，说果汁眼下走俏，但从长远来看却……”

两年后，这位董事长在北京参加全国劳模表彰会，又与记者朋友见面了。闲聊时，记者朋友问他那个果汁加工项目后来是否上了，他长吁一口气，感慨地说：“幸亏当初没上，如果上了的话，现在可就背包袱了——邻县上了一家，老本都搭了进去。看来有人说‘不’，并不见得是坏事。”

作为团队领导，对于与自己相反的意见，应该放宽心态，平衡心理，切忌一听到反对意见就产生抵触情绪。因为对立的观点能使自己的观点变得清晰，能使行动方案趋于完善。

能容纳团队中的反对之声，是一个合格老板的标志，这展示了作为领导的一种品质，以及战略性思考和行动的能力。

然而，求同存异，善于倾听反对意见，是需要技巧和智慧的。要求老板胸襟必须宽广，做任何事善于从大局出发，还要对个人损失不斤斤计较。只有这样才能最大限度地激发下属说“真话”，说“实话”，大胆地，毫无保留地表达心中所想，形成不拘一格的交流氛围。

IBM 开拓者、前总裁小托马斯·沃森就是这样的人。一次，他正在办公室里办公，突然一位中年人闯了进来，嚷道：“我什么盼头都没有了！干着一份闲差，有什么意思？我不干了！”

这个人就是伯肯斯托克——IBM 公司未来需求部的负责人，是公司刚刚去世的二把手柯克的好朋友。（事实证明，伯肯斯托克是个不可多得的人才。在促使IBM从事计算机生产方面，伯肯斯托克的贡献最大。)

柯克和小托马斯·沃森是老对头，这在IBM上上下下都是知道的，柯克一死，所有人都认为伯肯斯托克“在劫难逃”。伯肯斯托克本人也这么认为，因此他破罐破摔，心想与其被赶跑，不如自己先辞职，这样还能够走得体面些。

小托马斯·沃森和老沃森一样，是个以脾气暴躁而闻名的人，一个部门经理无礼闯入，还扬言不干了。按常人看来，一定会拍案而起，立即叫伯肯斯托克滚蛋。令人意外的是，他丝毫没有发火，反倒笑脸相迎。

他对伯肯斯托克说：“如果你真的有本事，不仅在柯克手下能够成功，在我和我父亲手下也照样能够成功。如果你认为我对你不公平，你可以走人。如果不是这样，那你就应该留下来，因为这里需要你，这里有你发展的机遇。”

后来在相处过程中，伯肯斯托克也觉得小沃森没有对他不公平的地方，并没有别人想象的那样柯克一死就收拾自己，甚至处处维护自己，于是就留了下来。

小托马斯·沃森不愧是用人专家，他知道什么人该留，什么人不该留。伯肯斯托克是一个难得的人才，比刚去世的柯克还要胜过一筹，留下他对公司有百利而无一害——即便他是柯克的下属，是柯克的好友，并且桀骜不驯。事实证明，小托马斯·沃森留下伯肯斯托克是极其正确的。后者在IBM业务方面做出了特殊贡献，与公司携手共渡难关走向辉煌。

小托马斯·沃森后来在回忆录中说：“挽留伯肯斯托克，是我最出色的行动之一。”

小托马斯·沃森不仅留下和重用伯肯斯托克，在他执掌 IBM 帅印期间，他还提拔了一大批他不喜欢但具有真才实学的人。他后来回忆说：“我总是毫不犹豫地提拔我不喜欢的人。那些讨人喜欢的人，可以成为与你一道外出垂钓的好友，但在管理中却帮不了你的忙，甚至给你设下陷阱；相反，那些爱挑毛病、语言尖刻、几乎令人生厌的人，却精明能干，在工作上对你推心置腹，能够实实在在地帮助你，如果你把这样的人安排在自己身边，经常听取他们的意见，对你是十分有利的。”

的确，作为领导不但要善于团结志同道合的人，而且要善于团结与自己意见相左的人，特别是反对自己的人。要受得住委屈，经得起“误会”，对相互间的纠葛和矛盾要善于淡化，善于遗忘。切不可以牙还牙，以怨报怨，要时刻以事业为重，以大局为重，有“度尽劫波兄弟在，相逢一笑泯恩仇”的雅量。

我们总习惯于亲近那些支持我们的人，而常常抱怨那些批评自己、反对自己、给自己前进的道路上设置障碍的人。的确，反对者总是爱给我们提一些苛刻的意见，然而正是这些意见，让我们少走很多弯路。反对你的人，是你的镜子，是你的醒脑剂，是你的动力源。能够和反对自己的人一道工作，这不仅是老板的一种修养、一种境界，更是一种成熟的人生心态。

当然，一个团队存在反对的声音太多，老板过度纵容也是不健康的。“异己”是一把双刃剑，关键看如何诱导，如何利用。由于不同老板的个体素质、所持态度、处理问题方法存在差异，对反对意见的运用效果也不一样。优秀的老板会驾驭反对者，变反对者为支持者，化消极因素为有利因素，让反对者忠心耿耿为自己服务。统帅有方、驾驭有余，这是门大学问，需要经验的积累，需要长久摸索和总结。

7. 人活一张脸，懂得给下属留点面子

“人有脸，树有皮”，这句话道出了人性的一大特点：爱面子。对于大多数人而言，面子是尊严，尤其在中国，从古到今，“面子”一直就是个非常敏感而又玄妙的东西。很多人可以丢钱财，但面子不能丢，面子是头等大事。

作为下属，人人都想受到他人的尊重，得到老板的认可，希望自己有头有面。但面子哪来？一方面是靠自己争取，另一方面就要靠老板“给”。

如果老板善于给下属留“面子”，不但能给下属带来莫大的激励，激发其更加发奋工作，而且还会增加自己在团队中的非权力因素影响力，令下属更敬重自己。

遗憾的是，在现实中，很多老板并不懂得给下属面子，而且总想找机会在下属面前彰显自己的权力。如总喜欢不分场合地对下属指手画脚，当众呵斥，发脾气。他们以为这样做会激发下属发挥更大的能动性，其实并非如此，可能一时会奏效，但却无法长久，因为它会造成人为的心理紧张，对下属自尊心是一种极大的伤害。即使其当时被迫接受了，内心深处也会留下阴影，且次数越多，阴影面积会越大，自卑心理越强，意志日益消沉，直至自暴自弃。这对用人、激励人是没有任何好处的。

更有可能的是，有一天这种结怨会爆发出来。

刘德亮是某公司质检部的一名质检员。在一次产品质检的过程中，由于他一时疏忽大意，没有及时检查出有质量问题的产品用料，给公司造成了不小的损失。

在月底的一次生产部门会议上，产品质量总监董辉当着众人的面厉声质问刘德亮：“你就是这样做质检员的吗？你是瞎子吗？还是脑袋缺根弦，不知道这个材料质量有问题吗？你当了几年质检员了？这点小问题都发现不了，真怀疑你有没有能力继续做下去！回头写份报告给我！”

刘德亮在公司里是出了名的好脾气，但他听到总监这样批评他时，也禁不住皱起了眉头。董辉看着刘德亮不服气的样子，更加生气了，走到刘德亮面前说：“不服气吗？有本事就把工作做好，工作做不好，还不让人说，你以为你是天王老子啊！公司请你这种闲人，简直是做浪费资源！”

刘德亮再也忍不住了，冲着董辉大喊道：“我不过是做错了一件事，你至于这么诋毁我吗？我不是瞎子，头脑正常，做错事我愿意承担责任，不像你一天到晚就知道像疯狗一样乱叫！”

于是，两个人你不让我、我不让你地大吵了起来。同事们都过来劝架，两人谁都不退让，惊动了总经理。总经理好说歹说总算平息了这次“风波”。

总经理让董辉到自己办公室，对他说：“你让我很失望，我没想到你这么不理智，跟一个下属开战，这对公司的影响太坏了。你回去仔细反省一下自己，想想该怎么做。”董辉挨了总经理的批，垂头丧气地回自己的办公室了。

刘德亮经过这件事后，工作热情削减了很多，经常迟到早退，动不动就休假，董辉根本管不了。三个月后，刘德亮向董辉递交了辞呈。

据说，刘德亮去了另外一家公司，依然做质检员，而且颇受上司赏识。

董辉在众人面前伤害了刘德亮的自尊，结果引起刘德亮强力反抗。到最后，董辉不仅在上司和下属面前颜面尽失，而且还失去了一个好下属。因为一时气愤说出伤人的话，结果搞得上下不讨好，真是得不偿失！如果董辉没有当众批评刘德亮，而是私下同他研究质量问题，不但可以使产品质量问题得到正当解决，还能保护下属旺盛的士气，对各方面都有好处。

老板当众批评下属是不明智的，这会刺伤对方的自尊心，引发强烈的抵触情绪，产生“我偏不干好”的逆反心理。所以，无论下属发生了什么问题，处理时一定要讲究情面，给对方以足够的面子。

石油大王洛克菲勒有一位同事名叫贝特福特，他既是洛克菲勒的合作者，也是他的下属。

一次，贝特福特独自负责一桩南美的生意。不幸的是，这次他失败了，而且输得很惨。

贝特福特感到实在是没脸再见洛克菲勒，料定下次董事会洛克菲勒一定会毫不客气地批评自己。为此，他非常紧张。

这天，公司召开董事会。贝特福特硬着头皮来到会议室，只等着洛克菲勒对他的批评。

“贝特福特先生。”洛克菲勒开始讲话了。

贝特福特心里一阵发紧。

“首先，我可以肯定你在南美确实做了一件不成功的事情。但是，”洛克菲勒的语气变得十分缓和、亲切，“大家都明白你确实尽力了。虽然这次失败了，但是我相信在这件事情上没有人会比你做得更好而且我们正在计划让你重整旗鼓……”

一席话，让贝特福特倍感温暖，先前的抑郁情绪一扫而光。他又重新找到了自信。尤其是在董事会上洛克菲勒没有让他难堪，这让他心中充满对洛克菲勒的感激。

事实证明，给下属留面子，宽以待人，自己并不损失什么，反而会赢得下属的感激之情。所以老板在批评下属或与下属发生不愉快时，要舍弃那种咄咄逼人的姿态，克制自己的言行，为他保留颜面。只有这样，下属才会心生内疚、悔改之意；只有这样，下属才会对我们心怀感激之情。

给下属留面子是一种境界，也是一门学问。当下属犯错误时，进行批评最好的方式就是暗示，用意味深长的口吻说出来。间接指出下属的错误，要比直接说出口来得温和，且不会引起下属的强烈反感。特别是那些对直接批评会非常愤怒的下属，间接地让他们去面对自己的错误，会有非常神奇的效果。

身为老板应当经常换位思考，设身处地地替下属着想。如果下属犯了错误并自知是由于自己的失误引起的，作为老板就应该给他“台阶”下，让他摆脱尴尬的局面，使他免于丢面子。这样下属必定对会对老板更加感激，更加尊重，今后会更加注意避免错误的发生。总之，老板一定要保护下属的自尊心，给他们以足够的面子，不要因为工作上的一点失误就当众批评他。

C H A P T E R 2

以志励人——为每位员工规划未来

志即志向、理想，或是未来的一种奋斗目标。成功的团队往往都有自己的“志”，这不仅是为自己定了前进的目标，对团队成员也是一种激励。所以，管理者应该善于以志励人，激发下属的工作热情，拥有克服困难的信心。

1. 规划愿景，做每个员工的造梦大师

世界顶级管理大师沃伦·本尼斯曾对领导的任务发表这样的看法：“创造一个令员工追求的前景和目标，将它转化为大家的行动，并完成或达到所追求的前景和目标。”

当代美国著名外交家、国际问题专家亨利·基辛格也说：“领袖的任务就是带领人们从所在之处到达他们从未到达之处。他做了一个远大的决策，树立了一个宏大的愿景，他还要把他的决策和愿景一一分享给他人，让他人了解到他所做的事业有多么伟大。”

大师们的言论都是实践的精炼总结，纵观那些名企的成功，尽管是很多因素的综合结果，但都有一个必不可少的关键制胜因素，那就是全体员工高度认可的愿景目标。

如可口可乐的愿景是“永远做饮料世界的第一”，这也是每一个可口可乐人的梦想和愿望；联想的愿景是“未来的联想应该是高科技的联想、服务的联想、国际化的联想”；华为的愿景是“在电子信息领域实现顾客的梦想，并依靠点点滴滴、锲而不舍的艰苦追求，使我们成为世界级领先企业”。

这些企业有了这样的奋斗目标，从而避免走弯路。

优秀的老板往往都主张以目标为导向，他们对于目标十分清楚，并且深知在目标和愿景的描绘和实践过程中，应该让每位成员参与、领悟和执行。因此，好的老板既要制定团队目标，又要设法使每个人都清楚了解、认同团队目标，并以身作责，与团队成员一起为目标努力，进而获得他们的信任、支持。

沃尔玛公司从成立到现在，堪称零售企业成功的楷模。它的成功，就在于它有具体的、明确的、清晰的目标。

1945年山姆·沃尔顿创立第一家廉价商店时，制定的第一个目标是“在5年内，使我在纽波特的小店成为阿肯色州最好、获利能力最强的杂货店”。要想实现这个目标，那么商店的销售额就必须增长3倍以上，也就是从年销售额72000美元，增长到25万美元。看似不可能的事情，可山姆·沃尔顿却让他的商店达到了目标，成为阿肯色州和附近5个州获利能力最强的商店。

沃尔顿继续替他的公司制定惊人而清晰的目标，每过10年就定出一个目标。1977年时，他定出的目标是在4年内成为年销售额1亿美元的公司（亦即增长两倍以上）。

……

当然。这个目标又实现了。他继续替公司定出新的目标，以1990年为例，他定出一个新目标：在2000年前，使公司拥有的商店数目倍增，并且使每平方米的销售额增加60%。

沃尔玛公司的一名董事罗伯特·康恩曾在一封信中这样写道："……沃尔顿清楚表明一个目标，要在2000年前，把商店的数目增加一倍，并且把每平方米的销售额提高60%。更重要的一点（也是大家没有注意到的）是，他确实定出了1250亿美元的明确目标……"

愿景目标为团队未来勾勒一张蓝图，任何一个团队或组织，如果没有一个成长的愿望，没有一个目标，不知道应该干什么，那它的资源可能就会非常分散，人心就不能往一个地方想，团队不可能获得成功。相反，如果一个团队有了目标，就有了明确的终点线，团队管理者会清楚地知道自己的目标是否已经实现，团队成员也会清醒地向着终点线冲刺。

一个优秀的团队管理者必须要为自己的团队建立一个远大的目标，描绘一幅美妙的愿景，并激励全体成员为之奋斗，为之奉献。所以，在组建一支新团队，或者接手一个陌生团队之初，作为管理者就需要先对团队做出明确定位，设定精准的目标，让团队中每一个人知道为什么而做，如何做。

愿景目标是团队生存与发展的基础，同时对下属也是一种激励。愿景不是一种抽象的东西，而是一种具体的东西，它能够激励团队的所有成员在工作上达成共识，共同为团队的事业和使命奋斗。

因此，要想激励下属，老板应善于不断为下属制定具有诱惑力的目标，让下属永远充满希望，与企业一起成长。

摩托罗拉公司创始人高尔文经常利用挑战性的目标敦促他的下属们做一些看似不可能实现的事情。例如，在20世纪40年代末，摩托罗拉公司刚进入电视机市场时，高尔文就为电视机部门制定了一个富有挑战性的目标：在第一个销售年，以179.95美元的价格卖出10万台电视机，还必须保证利润。

一位管理者抱怨说："我们绝对卖不出去那么多电视机，那意味着我们在电视机业的排名必须升至第三或第四名，而我们现在最好的排名才是第七或第八位。"

还有一位产品工程师说："我们甚至都没有把握能使电视机的成本低于200美元，但售价已经定在179.95美元了，这怎么可能保证利润呢?"

但是，高尔文却回答说："我们一定要卖出这个数量。在你们拿出用这种价格、卖出这个数量、还有利润的报表给我看之前，我不想再看任何成本报表。我们一定要努力做到这一点。"

之后，高尔文通过下属们反馈的信息，制定了一项严格的奖罚制度，迫使下属们都为了实现上述目标刻苦钻研、努力创新，想方设法降低电视机的生产成本。同时，也重新审查制定了新的销售制度，督促销售部门在业务上投入更多的精力。不到一年，摩托罗拉公司真的实现了销售目标，使电视机的销售在排名榜中升至第四位。此后，公司不断地发展壮大，成为电子技术领域的佼佼者。

团队愿景目标的合理与否，关系到全体成员的利益，是鼓舞斗志、协调行动的关键因素。有共识的愿景目标，可以发挥成员内在的潜能，激发每个人自动自发的工作意愿。能够取得团队成员认可的目标，会对团队成员形成很强的吸引力和号召力，可以在团队成员提高主动性和积极性等方面发挥意想不到的作用。

正是因为有了这样一种目标的存在，即使有时候让团队成员感到不可企及，也会得到认同。一旦被认同，就会成为激励其奋斗的精神动力，使其深信，他们是在从事一项艰巨而宏伟的事业，为此而自豪，而骄傲。

在追求愿景目标的过程中，人们会激发出巨大的勇气，去做任何为实现愿景目标所必须做的事情。下属带着目标去工作，会激发无限潜力，树立把工作当作自己的事业的意识，并把团队其他成员当作事业伙伴，齐心协力合作。

对老板自身而言，善用愿景目标来管理团队、激励员工，也是成功的保证。优秀的老板常常把团队目标转化为团队成员个人努力的方向。而团队目标一旦被转化为个人努力的方向，就会对团队成员产生长久的激励，使其积极努力，迸发出无限的创造力。

每个团队都应该有自己的愿景目标，没有目标，这个团队就没有存在的价值。再加上，如果老板善于运用目标去管理，激励每个成员发挥个人潜能，通过团队目标整合团队的精神，那么必可建立一支战斗力超强、有激情活力和创新力的团队。

2. 做好培训，强化下属能力助其高飞

员工的能力决定着团队的发展前景，而员工的能力由业务技能、个人素质等多方面构成。这些能力的学习和强化，最主要的一个途径就是培训。因此，一个团队必须有完善的、科学的、有针对性的员工培训体系。

联想集团柳传志曾对领导如是说："员工刚进公司素质不高，不是你们的错，但过一段时间后还没提升，一定是你们的错!"这说明，对下属培训非常重要。因此，企业必须营造育人的环境，建立人才培养机制，使人才不断成长，在工作中才更有拼劲。

日本松下公司的内部培训机制在业界久负盛名。为了培养人才，提升员工能力，松下公司制定了长期的人才培训计划，开设各种综合性的研修、教育讲座。公司还在日本和海外建起了多个研修所。

> 松下幸之助说：松下是造人才的企业，同时也生产电器。所以在松下人才的培训方式是多种多样的，培训不仅开心，而且开脑，也更开放。培训在松下无处不在，随时随地，人人都可参加。正是因为松下公司把人才培养放在首位，建立了一整套培养、激励、使用人才的办法，所以松下公司培养了一支精英人才队伍。在事业部长一级干部中，多数是有较

高学历、熟悉管理、掌握一门或几门外语、经常出国考察、知识面广、年纪轻、精干而且雄心勃勃的人，这正是松下公司在激烈的市场竞争中能够实现高盈利的秘诀之一。

松下公司人才培养的有效机制，正是它能够长远发展的有力保证。

员工是企业最宝贵的财富，重视下属培训，能够提升企业绩效，引导企业形成共同价值观，增强企业凝聚力，构建和谐企业，使企业在激烈的市场竞争中，实现可持续发展。

培训是企业不可忽视的“人本投资”，是提高企业“造血功能”的根本途径。在西方国家，很多企业已不把培训当作一种成本，而是作为一种投资，一种激励方式，作为企业必不可少的经营活动之一。

要用培训凝聚人心、鼓舞士气，激励下属不断保持高涨的工作热情，情绪饱满地工作。

西门子公司一贯奉行“人的能力是可以通过教育和不断培训提高”的做法。

西门子的培训由来已久。早期的培训是在车间进行的，后来建立了各类专门的培训学校，并有了专业的培训老师。公司旨在通过针对性极强的连续培训，提高全体下属的技能和素质，树立创新精神，不断提高企业及个人的业绩。

西门子公司认为：职工技术熟练与否，技术专家多与少，是能否增加生产、保证品质量、保持竞争能力、赚取最大利润的关键。所以，西门子公司历任总裁都非常注重对职工的培训、培养，以提高他们的文化、业务水平。

为了使公司的广大职工真正受到培养，并且切切实实地提高业务水平，在1922年西门子公司拨款建立了“学徒基金”，专门用于培训工人，以便尽快使他们掌握新技术和新工艺。几十年来，公司先后培训出数十万的熟练工人。近年来，还直接从厂内选拔数千名熟练工人送到科技大学和有关工程学院学习深造。此外，还有8万多名青年工人在5000多个技术学校、训练班、教育班学习。在德国同行业中，西门子公司的技术力量最为雄厚，车间主任以上领导人员都有工程师头衔，经理的领导层中技术人员占40%以上，熟练工人占全体职工半数以上。高技术员工生产出高品质产品，这是西门子公司经营的法宝和打进世界市场的锐利武器。

如今是信息经济时代，团队竞争常常表现为知识、人才之间软实力的竞争，想在市场竞争中立于不败之地的企业都必须重视对下属的业务培训。有的企业喜欢招聘有经验的人，来之能战，以求迅速为企业创造效益。但从节约开支角度考虑，还是培训现有员工比较“实惠”。如果能像西门子公司一样舍得花大力气培训自己的下属，必能起到事半功倍的作用。

关于培训的作用，美国人力资本之父舒尔茨的研究指出，投资于人力资本比物质资本能获得更高的回报。研究证明，培训在工作中扮演着主要的角色，提高10%的劳动力教育投资可以使劳动生产率提高8.6%，而同样价值的投入如果放在工具或者建筑上，生产率只能提高3.4%。另外一个研究发现，对工人从事新工作的再培训，在资金有效性方面比重新招募新工人更加合算。

从这组数据看出，通过培训对人力资本投资能获得巨大的回报，培训在企业中的地位越来越重要。企业和个人都把培训看成了提高技能和绩效的有效方法。人们对培训的期望越来越大，培训的时间跨度也越来越长，投入的成本也越来越多。

美国通用电气公司前董事长拉尔夫·科迪纳尔说："目前和未来社会中科学技术的发展和社会关系的日益复杂化，不仅使下属的培训和发展成为必要，而且提供了可能性。美国通用电气单靠经营管理方法的改进和提高，就可以使未来的生产能力提高 50%。"这也就是说，公司下属技能的提高将直接影响到企业的生产能力，使企业获得较高的工作效率和竞争能力，这也为加强企业的生存和发展提供了物质保证。作为企业领导，我们要提高下属的素质，就必须构建一个能够主动应变、能够响应创新潮流的"教育加培训"的网络体系。

培训的最终目的是让下属受益，从而提高团队工作效率，获得高绩效利润。而实现这个目标，企业就必须充分考虑广大下属的利益需求，不断为下属提供可自由发挥的空间，让下属在自我培训中获得超越与发展。

3. 目标管理法：帮助下属制定工作目标

老农一直想让儿子早点学耕种的本领，于是就让他下地干活。父子俩在田地里同时耕地，一个左边，一个右边，齐头并进。很快父亲就完成了左边的一垄，从头到尾做得非常好，而儿子只做了一半，而且犁得弯弯曲曲。

父亲回头望望仍在田地中央的儿子，无奈地摇摇头。

他对着儿子喊："你都犁歪了！这样漫无目的的犁法是不行的！瞧这儿，眼睛要盯着前方，一直往前走，就不会犁歪了"。

听到父亲的喊声，儿子看了看前方，正好有头牛从路边路过，于是边盯着牛边前进。

10分钟以后，父亲回过头来看时，仍然犁得弯弯曲曲。

"停住！停在那儿！"父亲喊。

儿子看着父亲。

"你没照我说的去做吗？"

"我是按照你说的在做，一直看着前方的那头牛。"

"你朝着前面的那棵树走下去。"

儿子按照父亲说的去做，果然做到了——犁痕从头到尾笔直。

这个寓言故事告诉我们，无论做什么事情只有有了明确的目标才能做好。正如儿子学耕地：第一次茫无目的前进，犁歪了；第二次虽然有目标，但由于盯的是移动的牛，也犁歪了；而第三次盯着前方的树前进，终于有了改观。这说明一个道理，人做任何事情必须朝着一个方向前进，如果总在两个或多个方向之间来回走动，那永远无法到达目的地。

目标是一个组织存在和发展的基础，小到三五个人的团队，大到几千人的大型企业，没有明确的目标指引，都会失去前进的方向。纵观那些优秀的企业、伟大的团队，都有着坚定不移的目标。微软公司，在做产品研发时有超过3000名开发工程师和测试人员参与，写出了5000万行代码，如果没有高度统一的团队精神，没有全部参与者的默契与分工合作，研发工程是根本不可能完成的。

因此，对老板来讲，对团队进行管理，首先需要先为自己的团队制定明确的奋斗目标，用团队目标来激励员工努力工作。

关于目标的重要性，大家都知道，不需要多讲。需要指出的是，有些人仅仅停留在知道的层面，而在具体的执行上却不见效果。见过很多团队的目标，表面上看很宏大，很振奋人心，在大大小小的会上，领导者说得最多的就是个人目标要符合团队（项目、公司、国家）的目标。其实，这种目标仅仅是喊口号，而非行动和方向，结果就是老板安排什么，员工就干什么，不乐意也得干，大家做好本职工作而已，当一天和尚撞一天钟。结果就是，下面执行的人明明发现所谓的目标是无法实现的空中楼阁，却不提出来，更别说提改进意见和方案了。

因此，这里重点讲两点：一是目标的执行；二是团队目标与个人目标的关系问题。这两点都是进行目标管理需要密切注意的：

第一，目标要切合实际，便于真正地去执行。

无法执行的目标并不能称之为目标，目标的一个重要前提就是具体性，具有可执行性。我们知道制定目标最常用的方法是SMART原则，其中S、M分别代表两种特性。这两种特性可使所制定的目标更切合实际，更具有实践性和可操作性。

“S”代表“具体的”（Specific）：制定目标时要具体。

“M”代表“可量度的”（Measurable）：在通往目标的道路上设立里程碑；让我们可以量度自己的进度。每个阶段的成功都会激励我们继续努力向前；是我们的踏脚石。

其他三个字母分别代表：

“A”代表“如在眼前”（As if now）。

这个“如在眼前”的过程容许我们现在就体验成功时的感受。想象达到目标时，你将会看到、听到及感受到的情景、声音及感觉。这种发自内心的热诚及动力会推动我们跳出旧有的框框，全力以赴，做到最好。

“R”代表“实际可行的”（Realistic）。

我们可能有很伟大的理想，但亦须顾及它是否实际可行，同时也须考虑理想目标是否符合整体平衡。

“T”代表“时间性”（Timed）。

所定的目标必须和时间挂钩，须清楚指定何时会达成目标。

第二，目标细分，与每位员工的利益相结合。

在制定团队目标时，还需要兼顾每位下属的个人目标。员工是否有个人目标，以及设置是否得当直接影响着团队目标的实现，因此，老板需要大力协助每位员工制定个人目标。

某公司在制定年销售目标时，正是利用了SMART目标设定法，将时间具体到每月每日，非常清晰，从而使团队利益与个人利益得到了最大的平衡。

该公司这样制定自己的年销售目标：

> 他们定的目标是年销售额200万元。为确保任务的完成，公司把目标分解到四个季度。每个季度有多少课程，每个课程应该找多少学员才能满足目标……然后再把季度目标细分到每月、每周、每天。

通过一年的努力，该公司每位员工的工作能力有了显著的提升，而且还有超额完成目标的现象。

有效的目标细分管理不但可以提高业绩，还可以提升员工自信。据该公司一位员工讲述："我发现我现在更加自信，如果去年是7分自信，今年我有了9分自信。这是我从多次课程主持环节得到的'回报'。这将更有利于我和客户建立连接，客户会因此更信任我，信任我们的课程。

"在实现这个目标的过程中，我会看到我每个月的收入都在××××元以上。我和客户接触的时间以及有效电话沟通的时间越来越长。和我做朋友的客户越来越多——比去年增加一倍。"

目标只有细分才可能很好地执行，然而有些企业，一项目标制定下来，老板只顾催着大家马上完成，却忽略了一个很重要的问题，就是如何让这个目标更好地实现。最有效的途径就是将这个大目标细化，细化成可执行的个人目标，并使之尽量地贴近员工的利益。人，都是这样，只有在自己利益得到满足时才可能全身心地投入到更远大的追求上。

在有些企业，由于团队目标与个人目标的脱节，员工的个人利益几乎得不到保证，致使他们为了一己私利，不得不放弃团队目标。或醉心于长知识、积累经验，花大量的时间进行学习、考试，而对本职工作只抱应付态度；或向往大都市、大机关、大企业，而四处活动；或虽然"安心"，却沉迷于小我，斤斤计较……这些五花八门的个人目标，从整个企业利益角度看，似乎无可厚非。但个人目标与企业目标的不一致，有时会导致为了追求个人目标的实现，各自为政破坏和降低企业内部的凝聚力，导致企业很难做大做强，甚至随时面临被市场淘汰的危险。

一切以企业利益为先，目的是促使每个人更高效、更出色地完成自己的工作，促使企业更高效地运转。所以，个人在制定目标的同时，必须要认同企业文化，考虑到企业的总目标，以及企业中其他因素的影响，把个人目标和企业目标牢牢地结合在一起。

4. 强化使命感，凝聚人心一致向前

职业使命感，对于一个人而言是取得成功的最宝贵财富，是奋斗的动力，是实现自我价值的一种方式。

职业使命感这个概念最早源于宗教定义，即受上帝的召唤而从事的特定职业。近年来，学术界对使命感的描述大多数强调当个人主观认为工作在其生命中扮演足以达成人生目的的角色时，这种心理感受就是使命感。使命感是一种工作价值导向，是一种激励力量，促使个体追求特定的职业。职业使命感是一种工作价值观，一种人们所体验到的指向某一特定职业领域的强烈的激情与力量，一种希望能从事某种特定职业并从中获得意义感、责任感和实现个人价值的激情。

使命感与职业承诺、工作意义、组织承诺、职业认同、职业自我效能、工作投入、工作满意度、工作绩效、幸福感等相关。拥有职业使命感的员工能够获得比较高的满意度、幸福感，以及更好的职业生涯发展。

心中存有使命感的人，他会为了崇高的荣誉而战、而奋斗，从而激

发出自身的潜能，在事业中做出更大的贡献。

西方著名军事理论家克劳塞维茨曾说过："在一切高尚的情感中，荣誉心是人最高尚的感情之一，是战争中使军队获得灵魂的真正生命力。"可见，荣誉感是激发战斗精神、维护军队士气、增强战斗力的关键。军人可以为荣誉而奋战、为荣誉而献身。荣誉感历来是激发军人责任感、使命感和维持军心士气的重要途径，古今中外任何一支强军概莫能外。

> 在美国西点军校，有一套荣誉规章制度，规定新生一入学就要先接受16小时的使命感教育。教育内容主要是用具体事例说明珍惜使命、争取使命、创造使命、保持使命感的重要性和方式方法以及荣誉感对一生的好处。其目的是让每一个新生逐步树立起一种坚定的信念：使命感是西点人的生命。
>
> 200多年来，西点军校之所以能培养出那么多杰出人才，秘密就在于此。它使西点军校培养出了无数具有强烈荣誉感和献身精神的精英。这些精英人物进入商界后，依然秉承这一理念，把"使命"作为企业文化的核心，培养出一批具有荣誉感和责任感，道德品格高尚的下属，从而建立起自己杰出的团队，打造出富有巨大生命力的世界一流企业。

如今，使命感成为众多企业的核心价值观。正是这种精神力量的召唤，才造就出了最优秀的团队，也培养出了最优秀的下属。

作为社会中的一员，人的生活、工作、娱乐等等都是在团队中进行的。如果能唤起对自己岗位和团队的使命感，对本职工作引以为荣，对从事的职业引以为荣，就必定会焕发出无比的工作热情。而在争取荣誉、创造荣誉、捍卫荣誉、保持荣誉的过程中，每个人也会在不知不觉中融入集体，进而获得更好的发展。

相信大家都看过美国的 NBA 比赛，赛场上的每一个球员都在为 NBA 的使命感、为球队的使命感、为自己的使命感拼尽全力，正是这种至高无上的使命感，激发出球员们努力拼搏的精神。可以说，使命感是人们发自内心对获得使命感的积极感悟。实践表明，强烈的使命感，能够促使人们生发高度的敬业责任感，工作积极主动，勇于担当，奋力进取；同时，能够因使命感而更加自信，努力上进，工作学习更加自觉，平时能够自我约束、自我矫正，始终保持良好的职业操守。所以，善于激发下属的使命感，进而注重汇聚下属的使命感，是提升企业凝聚力，推动企业发展的强大正能量。

使命感的价值在于为人树立了奋斗的目标，抑或生活的价值，给人带来了前进的动力。拿破仑非常重视激发军人的使命感，他主张对军队“不用皮鞭而用使命来进行管理”。为培养和激发官兵的使命感，拿破仑对于立了战功的官兵，在加官晋爵授予勋章时，总要在全军广泛地进行通报，这样就使得官兵产生被尊重的感觉，认为自己是有价值的，从而激发了勇敢战斗的豪情。其道理正在于以高度的使命感激发军队的士气，从而焕发出无与伦比的战斗力。世界著名化妆品企业玫琳凯公司，每年都要为当年的销售状元举行一次集会。专门租借一个体育场召开表彰大会，请一个演艺明星，让销售状元和明星同乘一辆车徐徐进入会场，全场的下属一起大声呼喊销售状元的名字。这种至高无上的使命感激励着其他下属向着销售状元的目标努力。

人不但有物质上的需要，更有精神方面的需要。激发下属的使命感，下属就会以团队为荣，以企业为荣。当下属有了高度的使命感，那么这个企业就有了灵魂，有灵魂的企业是伟大的企业，有灵魂的企业一定会长盛不衰。同时，一旦下属有了使命感，自然就有了责任。一个有责任感的下属，他会以公司为重，他会时刻为公司负责，以公司的利益为重，绝不会为了自己的利益去损害公司的利益，甚至有时候不惜牺牲自己的利益去保护公司的利益。这样的下属往往能承担重任，因为他们明白：只有公司壮大了，自己才能有更好的发展机会；公司壮大了，自己也会壮大；企业荣，自己荣；企业辱，自己耻。

使命感是团队的灵魂。一个没有使命感的团队是没有希望的团队，每一个企业都应该对自己的下属进行使命感的教育，唤起下属对自己的岗位和公司的使命感，让下属热爱自己的职业，对自己的职业充满激情，在企业中尽情地发挥自己的才华和优势，为企业为自己做出更好的成绩。同时，下属以企业为荣，企业也要以下属为傲，下属在有获得使命感的欲望时，企业应给予最大的激励和反馈，让下属明白，企业因为有他这样的下属而自豪，这样下属才能全身心地投入工作。

5. 点燃激情，释放团队的正能量

成就伟大的事业，离不开对它的热爱，凡是成功的人总是那些富有激情的人。激情是成功的必要条件，只有具备了这个条件，做事情才能获得成功。对于员工来说，激情同样非常重要，它可以感染你的上司，感染你的同事，从而获得提拔和重用，获得理解和支持。更重要的是，激情还可以使员工热情奔放，激发出体内潜在的巨大能量，产生对工作的坚定信念，产生对事业的狂热追求。

热情是一个团队保持生机和活力的关键，是卓越带领团队走向成功的原动力。美国经济学家罗宾斯研究得出结论：人的价值=人力资本×工作热情×工作能力。也就是说：一个人如果没有工作热情，那么他的价值就是零。比尔·盖茨有句名言："每天早晨醒来，一想到所从事的工作和所开发的技术将会给人类生活带来的巨大影响和变化，我就会无比兴奋和激动。"这句话阐释了他对工作的热情。在他看来，一个优秀的下属，最重要的素质是对工作的热情，而不是能力、责任及其他（虽然这些也不可或缺）。比尔·盖茨的这种理念已成为微软文化的核心，像基石一样让微软王国在IT世界傲视群雄。可见，抓住了下属的热情，就等于抓住了企业成功的金钥匙。

热情是工作的灵魂，热情是企业的活力源泉，热情是个人和团队成功的基石。让热情在团队内扩散、流淌、传递、飞扬，是一个老板的职责，也是老板成功的秘诀。对优秀的老板来说，衡量他是不是把这个公司做好了，一个很重要的指标便是：他是不是能把下属的潜能调动出来，而且不只是100%，而是120%地调动起来。

某服装厂接受了一批外商定货，货量大，时间紧，如按正常生产率是无论如何也不能在交货期完成，而工厂如果不能按期交货，则不得不向外商赔偿一笔巨额违约金，并严重影响到信誉。老板为此召开了全厂职工大会，发表了热情洋溢的讲话：

"工友们，今天，有一件十分重要的事要和大家商量一下。这件事，事关咱们玩具厂的生死。大家知道，最近两年来市场竞争激烈，咱们玩具厂的利润不断下降，已经严重影响了大家的利益。作为厂长，我没有能力让大家多得工资，很对不起大家。但是，现在机会来了，现在有近10万美元的外商定货任务，我知道在短短一个月的时间内完成它有困难，但是，工友们，我们抢到这个合同不容易呀！不干，我们就没饭吃。”老板停顿了一下，环视下属，突然间喊了道，“工友们，咱们干不干？”

“干！”会场上响起一片喊声，“加班加点，拼死拼活也要完成！”

“好，工友们，有这句话我就放心了！现在散会，请大家回去，准备接受任务。我保证工作完成之后，每个人都将得到一个厚厚的红包。”

由于老板鼓动起了下属的热情，大家齐心协力，努力生产，加班加点，果真在交货日前三天完成了全部生产任务。

这位老板很会鼓动人心，把工人的热情调动起来，使工人们感到，这批任务完成与否，事关工人的切身利益——“不干就没饭吃”。最后，老板又把工作同每个人的物质利益直接挂钩，直接提出工作完成之后给予每个人一份奖金。真可谓精明老到，滴水不漏。所以说，一名出色的老板必须懂得如何激发下属的工作热情。

让热情成为下属内心熊熊燃烧的烈火，激励着下属为共同的梦想努力奋斗——这是团队成功的秘密武器之一，也是卓越老板才能的重要组成部分。缺乏热情的下属是老板的梦魇，一支死气沉沉的团队无法成就卓越，只有激情四射的团队才能够创造奇迹。

作为团队的老板，非常重要的职责之一就是想方设法激励团队成员，让他们对工作保持激情，这样才可以期待团队取得优秀的绩效。那么，该如何提升下属的工作热情呢？以下几点是可循之道：

(1) 营造积极热情的工作氛围

这是影响士气最首要、最关键的因素。如果团队的所有下属能够协同一致积极工作，显然这个团队将充满高昂的士气和凝聚力。这种积极性包括团队下属之间良好的交流与沟通、自发产生出的统一行动、相互信任并积极支持，以及具备高尚统一的职业道德。

(2) 授予下属相应的权力

授予不仅仅是封官任命，老板在向下属派工作时，也要授予他们权力，否则就不算授予。所以，老板要帮被授权者清除心理障碍，让他们觉得自己是在“独挑大梁”，肩负着一项完整的职责。方法之一是让所有的相关人士知道被授权者的权责；另一个要点是，一旦授权之后，就不再干涉。

(3) 共渡难关

公司经营有困难时，老板应坦诚向下属说明，请他们助你共渡难关。下属如果在工作中表现出“知耻近乎勇”的精神来，将是你的巨大成功。

(4) 赏识下属

下属谋求老板的承认和同事的认可，希望自己出色的工作被企业“大家庭”所接受。如果得不到这些，他们的士气就会低落，工作效率就会降低。他们不仅需要自己归属于下属群体，而且还需要归属于公司整体，是公司整体的一部分。所有的下属都希望得到公司的赏识，甚至需要与他们的上司一起研究工作，直接从老板那里了解企业生产经营情况。这种做法有助于拉近老板与下属之间的距离，使下属感到自己是公司的主人，而不是苦力。

(5) 赋予工作使命感

让下属了解他们的工作贡献，可以让从事最平常工作的下属也能充满动力。例如，当一个以清理污水维生的下属，认为他的工作是“拯救日益污染的环境”时，他的工作士气便会提高许多。缺乏这种使命感，即使再高薪的工作，可能也只是另一份忙碌的工作。

(6) 加强沟通

老板应该主动与下属进行沟通，有效的沟通会缩小老板与下属的距离，会让下属工作时比较轻松。下属的心情好了，工作就会比较有热情。老板与下属沟通的内容可以是工作上的，也可以是家庭生活方面。只要老板能够多与下属沟通，不管沟通的内容是什么，下属都会觉得自己很受老板的重视，工作的积极性就会高。

6. 沙丁鱼生存法则：有竞争才有活力

挪威人爱吃沙丁鱼，他们在海上捕得沙丁鱼后，如果能让鱼活着抵港，卖价就会高出好几倍。但是，由于沙丁鱼生性懒惰，不爱游动，返航的路程又很长，因此捕捞到的沙丁鱼多数都是没回到码头就死了，即使有些活的也是奄奄一息。只有一位渔民每次捕捉的沙丁鱼总是活的，而且很生猛，也因此赚的钱比较多。

后来，人们发现了他的秘密——他在鱼槽里多放了几条鲶鱼。

原来当鲶鱼装入鱼槽后，由于环境陌生，就会四处游动，而沙丁鱼发现这一异己分子后，就会紧张起来，加速游动，如此一来，沙丁鱼便活着回到港口。

那位渔民的做法后来被人们总结成了“鲶鱼效应”，并将其作为一种竞争机制引入管理中。

在现实生活中，我们常常看到有的团队内部气氛非常不好，成员工作不积极，平平庸庸，没有生气，好像在混日子；而那些好的团队一片生气勃勃，大家你追我赶，都在努力工作。为什么？其实原因很简单，就是前者缺乏一种竞争机制，一个团队需要内部竞争，有竞争才有活力，有了活力才有动力。

人本身就有一种不甘人后、以落后为耻的本性，只不过是被缺乏竞争性的后天环境逐渐抹平了。所以，一个人保持成长竞争恰恰是最大动力，可以激发创造性、上进心。团队是由人组成，人的这种弱点势必存在，并有可能因为集体性而放大。

作为老板，如果想激励下属时刻保持充足的活力，时刻以百倍的热情投入到工作中，就应该学会利用“鲶鱼效应”，在团队中建立完善的竞争机制。

日本本田公司总经理本田先生曾面临这样一个难题：公司里终日东游西荡、拖企业后腿的下属占下属总数的20%。如果将这些人全部开除，一方面会受到工会方面的压力；另一方面，又会使企业蒙受损失。其实。这些人也能完成工作，只是与公司的要求与发展相距远一些，如果全部淘汰，显然行不通。

于是，本田先生找来了自己的得力助手——副总裁宫泽。宫泽先生认为，企业的活力根本上取决于企业全体下属的进取心和敬业精神，取决于全体下属的活力。公司必须想办法使各级管理人员充满活力，即让他们有敬业精神和进取心。一个公司如果人员长期固定不变，就会缺乏新鲜感和活力，容易养成惰性，缺乏竞争力。只有外有压力，存在竞争气氛，下属才会有紧迫感，才能激发进取心，企业才有活力。这就如同鲶鱼效应一样。

本田先生认为宫泽说得很有道理，所以他决定从公司外部找一些“鲶鱼”加入公司的下属队伍，制造一种紧张气氛，发挥鲶鱼效应。

于是，本田先生进行人事方面的改革，特别是销售部经理的观念离公司的精神相距太远，而且他的守旧思想严重影响了他的下属。必须找一条“鲶鱼”来，尽早打破销售部只会维持现状的沉闷气氛，否则公司的发展将会受到严重影响。

经过周密的计划和努力，终于把松和公司销售部副经理、年仅35岁的武太郎挖了过来。武太郎接任本田公司销售部经理后，武太郎凭着自己丰富的市场营销经验和过人的学识，以及惊人的毅力和工作热情，受到了销售部全体下属的好评，下属的工作热情被极大地调动起来，活力大为增强。公司的销售出现了转机，月销售额直线上升，公司在欧美及欧洲市场的知名度不断提高。

本田先生对武太郎上任以来的工作非常满意，这不仅在于他的工作表现，而且销售部作为企业的龙头部门带动了其他部门经理人员的工作热情和活力。本田深为自己有效地利用“鲶鱼效应”的作用而得意。

从此，本田公司每年重点从外部“中途聘用”一些精干利索、思维敏捷的30岁左右的生力军，有时甚至聘请常务董事一级的“大鲶鱼”。这样一来，公司上下的“沙丁鱼”都有了触电式的感觉。本田公司自从推行了鲶鱼效应管理办法以后，企业的产品质量和产量大大提高，销售工作也大为见效，公司因此很快步入大企业行列。

可见，内部竞争的重要性，良好的内部竞争，激发团队内部人员的活力，使每个人的潜能被激发到最佳状态。这种激励主要表现在两个方面：

第一，在企业内部引入竞争机制，有利于盘活人才的积极性，使团队展现勃勃生机。老板要善于从公司外部引入一流的人才，就像鲶鱼激活沙丁鱼那样。当下属知道竞争对象的存在时，就会激发他们强烈的竞争欲望，从而发挥自己的潜能。

第二，在团队内部引入竞争机制，有利于下属形成一定的竞争压力，就能够充分调动下属的积极性、主动性和创造性。英国格兰德集团公司总裁斯坦利·格林斯蒂德曾说过：“我们总是摆脱不了管理问题，我确实感到欣慰的是公司的决策英明，高级职员间彼此竞争，身边有一班得力的人马。”

然而，很多企业的老板不知道如何正确使用“鲶鱼效应”，如他们想靠引进优秀人才来激励下属，这是个很好的办法，但却有可能适得其反，挫伤部分人的积极性，反而激发了下属的矛盾。

在引进外来人才时需要做好一些细节，以配合其他相应的改革，如应该在什么时候引进人才，应该引进什么样的人才等，具体需要注意以下三点：

(1) 引进高级人才

适当地引进高层次人才，可以增强企业的活跃气氛。我们知道，现代企业的竞争就是人才的竞争，企业人才引进的好坏直接影响企业未来的发展。而企业之间的竞争，归根结底就是高级人才间的竞争，高级人才已经成为企业发展的制胜法宝、赢得市场的关键筹码。在世界经济一体化的环境下，企业既要凝聚高级人才、激活高级人才，又要把用好高级人才落到实处。真正实施“人才强企”战略，就必须用发展、改革的办法破解高级人才工作中的难题与积弊。企业必须建立系统的、科学的高级人才培养、选用、奖惩、晋升、淘汰管理制度和激励机制，在人才合理配置上，充分发掘企业现有的人才资源，通过各种激励手段，不断引进高级人才、培养高级人才，从而使企业获得长足的发展。

(2) 淘汰一部分不思进取的员工

企业不是福利院，对于那些该退休的人，企业留下他们，并且不能辞退他们，因为他们为企业付出了太多，老板要做的是让他们退休，拿退休金；可是那些无用的下属，我们却没有任何义务和责任将他们留下来，他们是应该被我们辞退的那一部分人——滞后的下属只能给我们带来麻烦，辞退是必要的举措。

(3) 调整激励机制

将“铁饭碗”变成“泥饭碗”。企业中没有铁饭碗，你不努力，被人超越了，你就理所应当下台，这是老板必须告知下属的。让下属的“铁饭碗”变成“泥饭碗”，他们才不会过于安逸、不思进取。总之，适时招募新下属，能给企业引入外来竞争激励。老板要注意发挥“鲶鱼效应”，让新下属的到来激发老下属的工作积极性。

7. 大胆授权，重任在肩的人更有积极性

有经验的老板都知道，很多时候，调动下属的工作积极性是非常难的。大多数老板都知道授权是最能激励员工积极性的，但在实际工作中，由于多种因素的影响，不容易做到。于是，就经常出现“老板忙坏了，下属没事做”的现象。

这并不是一个小问题，老板埋头苦干并不一定就能为团队创造更大的价值。有时甚至还很难得到下属的理解，相反是不断的埋怨，尤其对那些非常希望在工作中锻炼提高自己的下属来说，老板这么做，无疑大大阻碍了他们的发展空间，束缚了他们自身能力的提升。

崔健全是某公司的企划主管。他每一次谈及近况时，总会抓抓头顶日渐稀疏的头发，用给人感觉好像永远没睡够的眼睛瞪着我说：“最近忙死了，一边是新品上市的企划，产品定位、广告创意、软文写作、上市活动设计、物料制作等一大堆的事儿；另一边是巡视市场、拟定促销方案、媒体购买和执行促销活动……唉，总之，就一个字——‘忙’。”“兄弟，你不是还有八九个兵吗?”“他们？他们有他们的事做，况且有些事他们也做不了……”

而事实并非如此。

当崔健全坐在电脑前一连工作几小时的时候，他的下属们在浏览了好几份报纸之后，接着又看完了互联网上一场两个多小时的NBA直播。崔健全为什么不将手头的工作分一部分给自己的下属做呢？为什么不安排一些市场调研的任务给下属呢？为什么不叫下属提前准备今后肯定要做的一些工作呢？在为了制定一份市场管理制度，崔健全几乎要抓破头皮的时候，他的下属们聊完了国内明星的花边新闻，开始将话题转移到了贝克汉姆和他老婆辣妹的情深意浓上了。

崔健全为什么不让自己暂时停下，把下属们召集到一起，群策群力地把这件事做得更好呢？他的下属们正在办公室享受着空调、吃着零食、聊着闲天……为什么不将某些环节的工作交给下属处理？与其说是员工没能力，不如说是自己不懂得授权。

授权本身就是对下属的一种激励，可使下属在参与管理中获得自我实现和被尊重的满足感，并由此激发出主人翁意识。

有效的授权不仅提高了整个团队的机动性，更有效地提高了老板的时间利用率。授权可以让下属感到自己能担当大任，感到自己受到重视和尊重，感到自己与众不同，感到自己受到上司的器重。在这种心理作用下，被授权的下属自然会激发出潜在的能力。如今，这一方法越来越多地被成功的老板所使用，他们善于通过用人、通过授权去延伸自己的力量，激发下属的潜能。

塞氏企业是个生产多种机械设备的大型集团。几年前，理查德·塞姆勒从父亲手上接下塞氏时，它还是个传统的家族企业。塞姆勒也深信拥有纪律的高压管理能创造效益，精明强干的经理也可以主导业务。但在一次生病后，塞姆勒产生了全新的想法——给予下属最大的权力。

塞姆勒采取的第一个步骤就是取消公司所有的规定。他认为规定只会使奉命行事的人轻松愉快，却妨碍弹性应变。在塞氏，每位新进入的下属都会收到一本20页的小册子，重点提醒大家用自己的常识判断、解决问题。

现在塞氏企业的工人可以自定生产目标，不须劳驾管理人员督促，也不要加班费。主管们也享有相当大的自主权，自行决定经营策略，不必担心上级的干预。最特别的是，下属可以无条件地决定自己的薪水。因为塞氏主动提供全国薪水调查表，让下属比较在其他公司拥有相同技术和责任的人拿多少薪水。塞姆勒毫不担心有人会狮子大开口。事实证明，要某些人提高自己的薪水还得花上好一番工夫呢。

工人们也可以自由取阅所有的账册，公司与工会设计了专门课程，教全体下属如何看各种财务报表。

塞姆勒不像别的老板那么勤于去办公室。早上他多半在家里工作，因为他认为那样比较容易集中精神。他也鼓励公司其他经理在家里工作。此外，他每年至少出外旅行两个月，每次旅行决不留下任何联络的电话号码，也不打电话回公司，他希望塞氏的每个人都能独立工作。

在经济不景气、经济政策混乱的大环境中，塞氏近12年来增长率高达600%，生产力提高近7倍，利润上升5倍。巴西一家主要杂志对大学应届毕业生所做的调查中，25%的男生和 13%的女生都说塞氏是自己最想进的公司。

从上面的事例可以看出，授予下属必要的权力，有助于培养下属的自信心，充分激发他们的潜能，提高他们解决实际问题的能力，而且还能大大提高老板本身和团队的工作效率。这是团队管理的技巧，也是一种艺术。

充分授权是一种十分有效的激励方式。一般来说，人都有进取心、成就感。职位越高、权力越大，掌握的资源也越多，也就越可能做出更优异的成绩。对某方面做得比较好的人，可以适当给予其更高的权力。这样，当其一旦获得成就感，自然就会投入更大的热情，调动更多资源做出更优异的成绩。可谓一举两得。

然而，由于存在种种限制而很难执行下去。失败的老板不给予下属决策的权力，并且控制下属，不让下属有出头的机会。这个差别很简单，好的老板帮助下属成长，坏的老板阻碍下属的成长；好的老板为下属服务，坏的老板控制下属。合理有效地授权会激励下属获得认同感和价值存在感的心理平衡，会促使下属获得更大的工作动力。

学会以授权激励下属，不仅可以让老板从繁琐的管理活动中解放出来，还可以更好地发挥下属潜能。为此，老板需要时间思考和行动，学习怎样成功地授权。鼓舞下属的信心，展示你对他们的信任，就可以激励你的团队。而授权既是信任的体现，也是建立信任的有效手段。

不会授权，就累到死。责任和权力是一对不可分离的孪生兄弟，要让员工对工作认真负责，就应该给他相应的权力。如果老板放手不放心，委任不授权，则员工在完成任务的过程中将会处于一种两难状态：或是事无巨细样样请示，以至于贻误战机；或是因权责不到位产生逆反心理，消极怠工，甚至推卸责任。从人尽其才的角度来讲，要让人才充分发挥，就必须授予他一定的权力。

C H A P T E R 3

以助立人——最好的管理是帮助员工成长

团队管理需要关心，需要人情味，更需要为下属提供优秀的发展平台。我们这里所谈的关心包括对下属生活的关心，但不仅限于此，还要求管理者洞察下属内心深处的需求和渴望，然后给予合理的满足。

1. 帮助下属成长，为下属搭建发展平台

企业当然希望每一个下属都能发挥各自最大的潜能为企业创造更多的财富，但在实际操作过程中下属与企业之间往往很难达到一个最佳的结合点，常常出现“英雄无用武之地”的局面。

下属具有某方面的才能，却得不到有效发挥，这是下属的悲剧，对企业本身也是一种损失。有的下属精通英语却干着普通文员的工作，有的下属擅长技术却忙着服务的活儿，诸如此类。如果将下属长期安排在与之兴趣、爱好并不相称的职位上，其后果自然是缺乏积极主动性，不

但影响工作，而且助长了其跳槽的念头。所以，企业老板要让下属自由发展，并为下属提供可发展的平台，这样不仅能使他们与企业之间产生有益的互补共振效应，还可以增强和提高企业的实力。

1939年，戴维·帕卡德和比尔·休利特以538美元作为投资，在硅谷帕洛阿尔托的一个车库创建了惠普公司。这个名不见经传的小公司，不久却成为高科技领域的传奇。如今这个车库依然存在，位于阿狄森大街367号，离斯坦福大学很近，已经成为著名的历史坐标，入口的路牌上写有“硅谷诞生地”字样。

创立伊始，两位老板就给予下属充分的个人空间，这与当时流行的管理方式格格不入。帕卡德在回顾惠普公司早期发展经验时说：“我们意识到，如果下属有更多的自主性，他们就能更好地施展自己的才能，发挥应有的作用。”他授予下属很多权力，用管理词汇来形容就是“放权”。更具体地说，帕卡德创建了基于绩效和责任的公司文化。多年以后，他的管理理念在众多公司中流传开来，他开创的新型管理模式被广泛采用，并且取得显著成效。在和休利特建设公司文化的过程中，帕卡德一直重视人才的培养。他认为，培养人才的最佳方法就是给予下属发展的空间，授予他们重要任务，让他们承担更重大的责任。

事实证明，一个企业如果能给下属提供充分的发展空间，使下属的个人能力和素质随着企业的发展而成长，跟下属的相互认同感越高，凝聚力就越强。企业老板若能够给予下属自由的空间，建立合作的氛围，要求下属只要做好自己的工作就可以实现自己的价值，就能够迅速提高下属的工作积极性和创造欲望。

没有一定的岗位，没有发挥的空间，“英雄”也只能是“无用武之地”，下属的才能就会遭到埋没，不能发挥其能力。对于老板而言，你需要做的是为下属指明方向，给予下属足够的自由空间，让下属拥有独立的思维意识，安排自己的计划，决定怎样最好地实现你所要求的目标。

汪霞高中毕业后来到红光电气集团公司打工，先干了3个月产品包装，后到模具生产车间工作。老板发现她工作细心、肯吃苦、不怕得罪人，决定让她全面负责公司质量管理工作。当时，汪霞听到这个消息吓了一跳，连忙表示自己学历低不能胜任这项工作，但老板的一句话打消了她的顾虑。她至今依然清晰地记得这句原话："给你一个平台，难道你连犯错误的勇气都没有吗？"从此，汪霞不敢懈怠，全身心投入工作。企业年产值从最初不到1000万元发展到4个亿，当年和她一起进来的30多名下属，大都担任公司中层干部。汪霞说，老板敢于重用新人，已经成为公司用人的一个传统。前不久，集团组建一家子公司，总经理就来自一线下属，今年38岁，学历仅为初中。

集团董事长林中华说，要让人才最大程度地发挥才能，关键是设身处地为他们做好两件事：一是每到一个发展阶段，设置好待遇问题；二是要在内部提供一个上升的通道，让他们看到发展的空间。现代企业的核心力量是年轻人，如果没有让年轻人才充分施展才能，将会阻碍企业的发展。

企业要实现可持续发展，下属是关键。在工作实践中，一个人的能力会得到不断的提高，当他到达一个新的高度时，如果仍然让其一成不变地待在原岗位，就等同于大材小用。所以，要给下属留出合理的晋升途径和发展空间。这也是对下属的一种发自内心的关心和爱护，是激励下属努力工作、勇创佳绩的强大动力。

在下属职业生涯规划上，老板的首要任务是为下属提供发展的平台，来激发下属自我发展的动力，以机制促进组织与下属和谐发展。在这个平台上，下属有成才晋升的途径，有施展自己才华的空间，有职务转换后的评价和调整机制。为下属画好蓝图、定好目标和游戏规则，给下属留下空间，让他们充分发挥他们的智慧，他们会做得比老板的期望值更好。

每个人都希望用自己的能力来证明自身价值，下属也不例外。公司各部门的具体操作规程和指南非常详细，那么在这个设定的框架内，老板就要鼓励下属充分发挥自己的才能；给他们更大的空间去施展自己的才华，是对他们最大的尊重和支持。

西门子公司业务的高速增长及其宽广的范围同时为下属在技术、能力和事业等方面的发展提供了广阔的空间，这一点是许多竞争对手难以企及的，同时也是能够吸引并留住许多人才的主要因素之一。

作为一家世界著名的高科技公司，公司的老板们坚持选择既有进取心、责任感、团队精神，又具有坚实的专业背景和熟练业务技能的人才。这些人才既可以是刚刚走出校门的应届毕业生，也可以是积累了一定社会、工作经验的专业人士。

很多大型企业的老板一贯认为，下属是公司的最大财富，并为下属的发展制定了一整套切实可行的措施，比如“下属综合发展计划”等。“下属综合发展计划”是西门子（中国）公司与公司总部同步实施的一项下属发展方案。根据下属的不同情况，公司为每一位下属制定了短期和长期发展规划，并通过技术和管理培训、工作轮换、国际交流、项目参与，以及晋级、加薪等不同步骤加以实施。在该计划的实施过程中，公司人事部、各部门经理和下属本人之间保持不断交流，以增加透明度，让下属清楚自己在公司的发展轨迹，同时公司和下属还可以根据实际情况随时调整各自的努力目标。

下属是企业竞争力的重要资源。老板对下属充分尊重、助其成长，提供事业发展的空间和舞台，让下属实现自我价值，将所拥有的知识、智慧、才能、技能和技巧转化为创造性的物质生产活动，最终受益的是企业和下属双方。所以，企业老板如果能让下属将企业提供给他的那份工作当成自己的事业，那么他必能奋力工作，贡献自己最大的力量。

总而言之，给下属足够的成长空间，无非就是为下属提供更大的发展平台、更多的学习机会、更好的工作条件，如果老板将这些事情做到了，那下属的激情就像点燃的干柴，越烧越旺，越烧越红火。

2. 为下属喝彩，不妨给下属戴顶高帽子

美国总统林肯说过：“人人都需要赞美，你我都不例外。”人人需要、渴望赞美，这是每个人的内心需求和共同愿望，尤其是不对等的赞美更有力量，如学生希望得到老师的表扬，下属希望得到上司的肯定等。

在团队管理中，如果老板懂得适时赞美自己的下属，也许就几句简单的话，也会收到意想不到的结果。如今，国内外的实践经验和相关研究都已表明，赞美向对方传达一种肯定的讯息，是最好的激励方式之一。

美国康涅狄格州费加尔菲尔德市的一名普通女主管，职责之一是监督一名清洁工的工作。他做得很不好，其他的下属时常嘲笑他，并且常常故意把纸屑或其他东西丢在走廊上，以显示他工作的差劲。这种情形当然很不好，而且影响工作质量。

这位女主管试过各种办法想让清洁工做好工作，但是都收不到效果。不过她发现，这位清洁工偶尔也会把一个地方弄得很清洁。于是，女主管就在他有这种表现的时候当众赞扬他。之后，这名清洁工的工作有了改进，逐渐可以把工作做到位了。

真诚的赞美可以收到好的效果，而批评和耻笑却会把事情弄糟。事实上，被赞美的人宁愿做出惊人的努力，也不愿让你失望。

关于赞美，其实很简单，或许一句激励的话、一个赞赏的眼神、一个会心的微笑……根本算不了什么，但有了这样一个暗示，下属会更有自信，想要做得更好。如果你坚持这样做，久而久之，必会为团队带来意想不到的惊喜。

对下属给予正面的赞美和评价，肯定与欣赏，会帮助他们成为特殊的人。作为一个优秀的老板，要善于经常适时、适度地表扬下属。这种“零成本”激励，往往会“夸”出很多为公司效劳的好下属。

韩国某大型公司的一位清洁工，本是一位被人忽视、被人看不起的角色，但就是这样一个人却在一天晚上，在公司保险箱被窃时，与小偷进行了殊死搏斗。事后，有人为他请

功并问他的动机。他的答案却出人意料。他告诉大家，因为公司的总经理从他身旁经过时，总会微笑着说："你扫的地真干净。"就这么一句简简单单的话，使这位下属受到了感动，并在关键时刻挺身而出。

赞美是激励下属、调动下属工作积极性，以实现预期工作目标的绝佳方法，在管理工作中具有非常重要的作用。美国年利润6亿美元的玫琳凯化妆品公司经理玫琳凯说："有两件东西比金钱和性更为人们所需要——认可和赞美。"的确，金钱可能是调动下属积极性的有力工具，但赞美可能更有力，因为它唤起了下属的荣誉感、责任感、自尊心。下属的价值得到了认可和重视，自然会更加努力地工作。可以说，赞美的"成本"十分"低廉"，它不但是一种最好的，而且是花费最少收益最大的管理技巧。

赞美是一件好事，但绝不是一件易事。老板赞美下属时如不审时度势，不掌握一定的赞美技巧，即使是真诚的，也容易好事变坏事。所以，老板需要要掌握以下技巧：

(1) 赞美要及时

当下属做出了成绩，或者做了一件有益于公司的好事时，最希望被人知道，得到大家的赞美。这不是虚荣心的表现，而是正常的心理。心理学表明，人们的这一期待心理是有时间期限的，得到的赞美越及时，人们越容易受到鼓舞。如果拖延数周，时过境迁，迟到的表扬就会失去原有的味道，再也不会令人兴奋与激动。所以，老板要记着把你的赞美及时送达下属的心里，哪怕是下属有了一点小小的进步，也不要忘记及时向他们表达你的赞扬。

(2）赞扬的态度要真诚

每个人都珍视真心诚意，它是人际沟通中最重要的尺度。英国专门研究社会关系的卡斯利博士曾说过："大多数人选择朋友都是以对方是否出于真诚而决定的。"如果你在与下属交往时不是真心诚意，那么要与他建立良好的人际关系是不可能的。所以在赞扬下属时，你必须确认你赞扬的人的确有此优点，并且要有充分的理由去赞扬他。避免空洞、刻板的公式化的夸奖，或不带任何感情的机械性话语，这样会令人有言不由衷之感。

(3）公开表扬下属

在众人面前赞美下属，对被赞美的下属而言，当然受到的鼓励是最大的。这是一个赞美下属的好方式，但是你采用这种方式时要特别慎重，因为被赞美者表现若不能得到大家客观认同，其他下属难免会有不满情绪。因此，公开赞美最好是能被大家认同及公正评价的事项。

(4）赞美要具体

表扬下属时，要针对他的工作，而不是针对人，哪件事做得好，什么地方值得赞扬，说得具体些，才能使受夸奖者受到鼓励。比如"你写的文案结尾的地方很有创意"。如此一来，下属便知道哪里做得好。倘若你进一步夸赞其内在特质，"结尾做得很有创意，可见你是个有创新精神的人"，就更能提升下属的心理满意度。相反，如果你对任何人都用一样的赞美之词，使用空洞、刻板的公式化的夸奖，或不带任何感情的程式化话语，那么时间久了，你的赞美之词就成了乏味的唠叨。

俗话说："恭维不蚀本，舌头打个滚。"赞美的语言人人爱听，这是人们的共同心理。恰如其分地赞美能赢得被赞美者的信任和好感。老板要赢得下属的心，赞美是一件实用的武器，何乐而不为呢？

3. 当好保护伞，保护好下属的既得利益

员工利益无小事，做好每个下属的利益分配，是企业老板的职责所在。员工工作质量的好坏直接与其收益程度相关，解决了员工的利益问题，就解决了团队最核心的问题。通过对下属的帮扶，既可以体现团队大家庭的温暖，让下属感到有家的感觉，又能增强整个团队的凝聚力、竞争力。

组建团队目的就是创造更多利益，前提是只有把下属的利益放在首位，为下属解急难，办实事，赢得下属的忠诚，才能获得取之不尽、用之不竭的力量。然而，很多人却没有真正明白这一道理，在具体的行动中财迷心窍，损失下属的利益。

曾风光一时的广东中山爱多 VCD 公司，从 1995 年创建到 2000 年老板胡志标被捕，短短 5 年时间，完成了一个大喜大悲的轮回，正所谓"其兴也勃焉，其亡也忽焉"。

胡志标的失败有多种原因，其中不重视下属的利益是公司

走向衰败的主因之一。比如，在下属待遇问题上，爱多公司没有一个完整的保障体系。当公司资金周转困难时，就开始拖欠下属工资，而下属对于公司的困境并不关心，矛盾由此激发，在1999年6月爆发了爱多员工软禁老板胡志标的事件。

爱多公司对待中高层领导也有问题。胡志标曾不惜重金聘请国内营销奇才，却不知道如何使用和管理这些人才。结果，造成公司内部一方面人才济济，一方面矛盾重重。在爱多公司危机重重、急需凝聚人心的时候，胡志标却以一纸通知收回了各主管经理签发物资进出单的权力，此举被高层领导理解为对他们的严重不信任，甚至是人格污辱。爱多公司由此人心涣散、一蹶不振。

从这个失败的案例中我们可以看出，作为老板理当是下属的“保护人”，应竭尽全力地维护下属的切身利益，否则，就会激发团队矛盾，造成团队上下离心离德。做下属的保护伞，时刻维护下属的利益，是取得团队团结的基本保障。

因此，老板管理团队，要有一颗助人之心，从维护下属利益出发，通过实实在在的行动，真正关心下属，让下属真正体味到自己是企业的主人。只有这样，下属才会自觉地把自己的前途和未来与企业的命运紧紧联结在一起，把极大的工作热情倾注到企业中来。

1929年，英国约翰·路易斯合伙公司与其他企业一样，也陷入全球经济大萧条。但掌门人约翰·路易斯却逆流而上，创造出一种举世震惊的企业所有权制度：所有下属都是合伙人，拥有公司股份。他要求公司为“终极目的”而努力：“为所有成员谋幸福——让他们有价值且令其满意地受雇于成功的本公司。”这项制度在约翰·路易斯沿用至今。现在，公司已成长为由6.9万名下属共同拥有、年销售额达到69亿英镑的英国零售企业龙头。

约翰·路易斯合伙公司跟其他企业一样，过去两年来也在应对金融危机，但是顾客在那里的感受是和别的地方不一样的。英国《金融时报》专栏作家迈克尔·斯卡平克描述道，约翰·路易斯下属各家店面里的氛围，与其他任何一家公司都截然不同。“下属服务更加周到和专业。他们是公司的主人，而这一点会通过他们的行为举止体现出来。”

维护下属的利益，或者说要时刻为下属谋福利是老板应尽的职责，也是管理下属的基础。现代企业强调的是以人为本，人是企业唯一能动的要素。许多知名企业的老板早就认识到了这一点，并采取各种各样的措施，不断地为下属谋福利，以激发下属的主人翁责任感，培养下属的敬业精神，努力营造一种融洽的公司内部氛围。

1929年美国爆发了一场长达5年之久的经济大危机，造成了大面积的失业、饥饿和贫困。1933年，哈理逊纺织公司不仅遭遇了这场经济危机的袭击，而且还遭遇了一场严重火灾，公司的一切财产在一夜间化为乌有。这场火灾使公司下属感到极度恐慌和无助，只能等待着董事长宣布公司破产，然后加入失业大军的队伍忍受饥饿和贫困。但是，出人意料的是，为了帮助下属度过心理和生活上的危机，董事长哈理逊竟然拿出数十万美元向全公司下属发放一个月的薪金，同时宣布自己不会放弃企业的重建，这使下属热泪盈眶，感激不已。一个月后，当下属开始为下个月的生计忧心忡忡时，他们又惊喜地得到了公司支付的月薪。

当时，许多人都讥笑企业董事长愚蠢至极，等着看他破产。但是，他们看到的却是数千名下属怀着万分感激的心情，纷纷涌向公司，使出浑身解数，不分昼夜地忙着清理废墟、擦洗修理机器、安装电线和电话线，恨不得一天干25小时。三个月后，哈理逊公司不仅奇迹般地恢复了正常生产，而且生产效率得到极大提高，后来还成为了美国最大的纺织品生产公司。

其实，在火灾发生后，哈理逊公司董事长完全可以在领取保险公司巨额赔偿金后一走了之，但是他没有选择这种短视的做法，而是时刻把下属的利益放在心上，这不仅拉近和下属间的距离，还感染了他的下属，使人们忘记了疲惫，忘记了工作重担，全力以赴地投入抢救公司的行动之中，并推动了公司的发展。

当老板能够设身处地地为下属考虑，能够照顾到下属的利益，那么下属就能感受到企业如家般的温暖，这更能激发出下属的主人翁意识，使下属更加勤奋地为企业效命。所以大凡成功的老板都是把下属的利益放在第一位的，因为他们清楚，只有保证了下属的利益，才能更好、更长久地保障企业的利益。

总之，维护下属利益，是现代企业发展的必然趋向，也是提高下属幸福感和忠诚度的重要手段。现代企业的竞争，归根结底是人才的竞争，人才是企业发展的不竭动力。更为重要的是，不断提高下属的幸福指数，既能让下属感觉到家的温暖，更能充分发挥下属的积极主动性，提高企业的综合效益。

4. 关心下属生活，关爱也是一种生产力

有句经典的话叫："为政之道在于安民，安民之要在于察其疾苦。"团队管理也是这个道理，老板要"安民"，"察其疾苦"，积极为下属排忧解难，关心下属的困难。这是老板的职责所系、使命所在。

然而，对下属的关爱，不是一种口号，不能停留在口头上，而是要作为一个实际行动持续下去。作为一名合格的老板，有责任关心下属的生活、工作以及身心健康。

日本三洋电机公司非常重视与员工的情感交流，并善于从点点滴滴做起，用细腻的、真挚的情感去呵护员工。"蔷薇园工厂"是该公司为员工建的宿舍楼工程，井植熏是筹建这个工程的主要负责人员，在新宿舍楼将要落成之时，他去查验工程。

在查验过程中发现，宿舍的室内装修及各种生活设施的一些细节不符合要求。如浴室拧开水龙头时，发现流出的水

十分浑浊。

这位领导马上问负责此事的一个工程师，该工程师回答说："新装的水管，通水检验后又很少使用，是会生锈的，多用几次就没有了。"

显然，井植熏对这样的答案并不满意："难道你让新来的姑娘们用这种生锈的浊水洗澡吗？"这位工程师还是认为这没什么大惊小怪的——水管中不经常通水，管子就会生锈，生了锈只要多放掉点水就没问题了。

于是说："这没什么关系，打开龙头把锈水全部放掉就是了。"

井植熏更生气了，扯大嗓门对工程师说："既然你知道，为什么不早一点放水，如果我不来检查，你会不会在姑娘们来到前把这个问题解决好？你想到过这个问题没有？"

经过井植熏这么一训，这位工程师就不敢再回应了，马上安排人打开浴室里所有的水龙头，放掉浊水，自己则跑到水泵房去检查水泵的工作情况。

井植熏又交代工程师说："还有锅炉里的热水，可能也有铁锈，你马上让司炉工把水全部放掉，等水清了以后再重新烧！"

事实上，新盖的浴室里，水有点发浊是件很正常的事情，但怎样对待这件事却是一个重要的问题。后来井植熏对大家说："今天是新员工进厂日，来的都是年轻的孩子，而且大部分是姑娘。他们刚刚离开家庭来到我们的工厂，心情一定非常复杂。我们做事就要站在他们的角度去考虑。如果进厂第一天就遇上浑浊生锈的洗澡水，那么，他们的内心就会留下一片难以抹去的阴影。所以，我不允许这种事情发生，更不允许你们对这件事采取无所谓的态度。”

人非草木，孰能无情，有时候，哪怕付出一点点关心和爱护，都会收到超额回报。作为老板，要注意对下属的生活给予关照，这会让他们感受到温暖，对公司有家的归属感。这样无疑会加深他们与团队的依赖，对团队的感情。如果下属在一个充满宽容和爱的团队里会有被重视、被鼓舞的感觉，工作起来就会发自内心，愿意为公司全力以赴。

正如美国跨国计算机公司首席执行官兼总裁温白克说：“一定要爱护你的员工，把你的心拿出来给他们看，要心心相印。”

下属是否爱团队，并竭心尽力地为团队付出，对团队做出贡献，不取决于外在环境的好坏，最主要的取决于老板对他们的关心程度。一个老板如果仅仅把焦点放在员工的工作上，那么就失去了很多员工的心。但如果能把关注的焦点转移到情感层面，转变到对下属生活的关注上，那么彼此的心会越走越近。

团队的一切都由下属来完成的，老板所要做的就是为他们做好后勤工作，让其没有后顾之忧。这样下属才会把企业的事情当成自己的事来做，主动工作，将更多精力、创造力放在工作上。

马来西亚的一名电子工程师赖炳荣，而立之年从美国回国，到英特尔（马来西亚）公司从事电子研究工作。一次老板问：“赖先生，你在英特尔的理想是什么？”

赖炳荣指着老板的椅子回答道：“你的位置。”

不久以后，赖炳荣果然荣升英特尔（马来西亚）公司总裁，而且一坐就是10年。他的贡献在于，创造了一种全新的管理理念和管理模式——爱心管理。

他创办了职工幼儿园，让员工的孩子在幼儿园里学习，还亲自命题主持考试。他还开辟出一块荒地，修建成运动场，组建青年员工运动队，后来又修建了游泳馆。他的这种做法一开始就遭到公司总部的反对，英特尔公司董事长便是其中之一。

一次，董事长来到马来西亚视察工作，偶尔谈及公司办体育活动的事，说："我们是来工作的，不是来玩的。"赖炳荣并没立即为自己辩护，而是领着董事长去看比赛。

运动场外职工热情呼喊："英特尔！英特尔！"董事长感动了，说，这不但增进了企业的凝聚力，而且给企业做了最好的广告。

赖炳荣以关心员工生活为出发点，满足员工工作之外的正当需要，间接为员工创造了最好的工作条件，使之具有了更强的主人翁意识。

关心下属，尤其是生活方面的，不但可以赢得下属的拥护，提升士气，还可以激发昂扬奋进的锐气。只有为下属诚心诚意办实事，尽心竭力解难题，坚持不懈做好事，才能充分调动下属的积极性和创造性，进而增强企业团队的凝聚力和战斗力。

下属需要企业给予其关爱，从而从企业的温暖中提升自我满意度。进一步说，关爱下属就是关爱自己，一个不关心下属、不善待下属的老板是很难有发展潜力的。关爱下属，让下属快乐工作、快乐生活、快乐成长应该是老板的天职。一个成功的老板，一定要有关爱下属之心，一定要有让下属快乐工作之能，这样才能得人心、创大业。

创造关爱的氛围，给予下属良好的工作环境，给予下属足够的工作之外的支持，是关心下属的重要举措。只有在互相关爱、共同奋斗的工作氛围里，每个人的能力才会最大化。

5. 适时鼓励，给失意下属一点安慰

一个团队中总有些人感觉不如意，或工作压力，或处理不好同事关系，或者被其他事情所扰。这时，老板就应该充当起长者、家长或朋友的角色，给予目标对象适时的鼓励、安慰。当下属遭到困难或挫折时，及时送上真诚的安慰和鼓励，是老板应尽的责任。

很多时候，下属遇到的苦楚和困境，自己难以排解。老板要及时发现，用温馨的话语、令人信服的道理，安慰和鼓励他们，帮助他们摆脱现状。

小张是某保险公司的职员，有一次，他非常沮丧而紧张地对部门经理说："经理……非常抱歉……我……"部门经理看着他紧张而苍白的表情，知道发生了不愉快的事，但是并没有急着问他到底发生了什么事，而是给他倒杯热水，让

他慢慢说来。

小张心里着急，非要先讲出来才放心，但是又紧张得不行，想说又不敢说，最后磕磕巴巴地告诉经理说，自己把价值几十万的客户订单弄丢了。经理一听生出一肚子火，心里责怪道，怎么能这么马虎呢？他并没有冲着小张发脾气，而是沉住气，像什么都没有发生一样心平气和地安慰小张说："事情已经发生了，不必这样紧张，重要的是怎样减少损失。"

这位部门经理冒着很大的风险，费了很大周折才在总经理面前平息了这件事。

事后，小张非常感激部门经理，更加卖力地工作，不但把损失追了回来，而且还成为公司的业务标兵。

作为老板，当下属情绪低落、惴惴不安时，一定要帮助他们疏减负面情绪，协助他们度过一个个困境，而不能是大发雷霆斥责一顿。及时了解并抚慰情绪低落的下属，这有利于下属继续保持自尊心和自信心，更会增强对你的信赖和支持，以出色的工作成绩来回报你。

给下属恰如其分的安慰是一剂良药，不仅能让下属受伤的心快速愈合，还能拉近彼此之间的关系。就算只是给了下属一点真诚的掌声，这份善意的价值可能远远大于金钱或任何物质鼓励。

刘华是某乡办工厂的技术员，一段时间里，他为一项小的技术革新苦心孤诣，熬了数十个通宵，可最后还是功败垂成，且招来一些人的非议。刘华一时心灰意冷，决意不再自找苦吃了。刘华的领导刘某知道后对刘华说："刘华，你说世界上什么样的人最伟大，什么样的人最渺小？”刘华说：“不怕牺牲的战士们最伟大，见钱眼开的势利者最渺小。”领导说：“你的话也有道理，不过我认为世界上有‘虎气’的人最伟大，有‘鼠气’的人最渺小。爱迪生一生曾有过1000多项发明，他在发明我们所用的灯泡时就失败过1000多次，有人讥笑他竟然失败了1000多次，他却说：‘不！我成功地发现了1000多种材料都不适合做灯丝！’你看人家‘虎气’多足，而你就有那么点‘鼠气’，本来没什么，可听到一点风声便不敢‘出洞’了。”刘华听后淡然一笑说：“我虽然属鼠，但也不至于为这么点小事一蹶不振。我会继续加油的！”果然，刘华在领导的劝说鼓励下继续攻关，不久便获得了成功。

从上面这个事例可以看出，如果下属面临事业上的不如意，老板就需要对其强烈的事业心给予充分理解、支持。这个时候，理解应多于抚慰，鼓励应多于同情。最好的安慰，就是帮助对方总结经验教训，分析所面临的有利、不利条件，克服灰心丧气的情绪，树立必胜的信念，共同探讨通向事业顶峰的光明之路，使其振作起来、渡过难关。

这样，老板不仅可以赢得下属的信任与支持，而且可以密切上下级之间的关系，创造一个融洽的工作环境。

有时，给失意的下属一点鼓励，虽然没有鲜花亮丽，也没有太阳夺目，但它却能像一滴甘露，滋润下属的心田。给失意的下属一点鼓励，就如保护一株风雨中的幼苗，守护黑暗中的一点烛光，呵护绝望时的一线生机。其实，安慰并不需要华丽的辞藻和睿智的语言。那些忍受痛苦的人需要一个愿意听自己讲故事的人，一个愿意在自己心情低落时相伴左右的人。这是感性的需求，无须理性的分析和评判。

因此，老板要学会与下属谈心，鼓励他们说出内心的想法和感受。这有助于分担其痛苦，有助于其进行自我反思，把事情想清楚，直至找到解决方法。

6. 火眼金睛，善于发现下属的优势

一个人实现其价值的核心在于，可最大限度发挥自己的优势。非常简单的一句话表明人要想有所成就，就必须充分发挥自己的优势，利用自己的优势甚至要把所有潜能变成自己的优势，以便做到扬长避短。

换个角度想这个问题，对于老板来讲，就必须要善于发现每个下属身上的优点、潜能，让员工的特长和优势在合适的地方、合适的时间，得到发挥。团队中的每个人也肯定有着这样或那样的优势，老板要认真分析，根据下属自身的优势有针对性地分配工作。

A和B分别开了一家广告设计公司，且两家公司相邻，然而，生意局面却截然相反。其实，这种情况，从两家的员工身上就体现出来了。A公司员工工作积极，见到客户热情相迎；而B公司的员工，整天板着一张脸，似乎谁欠他们钱似的，客户看后相继离开，转而去旁边的A家。

A公司只有三个员工，但是老板分配的工作非常对口，

员工甲热情大方、性格活泼，A就安排他专门负责接待客户、谈判业务以及提供售后服务；员工乙能言善辩，喜欢与陌生人打交道，A就安排他外出开拓市场；员工丙性格稍内向，喜欢安静，勤于思考，思维敏捷，A就安排她做设计工作，并兼职财务工作。A经常赞扬和鼓励自己的员工，由此员工变得越来越自信，越来越努力地学习业务知识。在A的管理下，公司发展蒸蒸日上。

而B公司的员工进进出出，常年不固定。进入公司的每个员工工作内容几乎相同，既要外出揽业务，又要维护客户，有时候还需要去催还欠款。而且B脾气较急，说话生硬，只要员工犯了错误，就会被他批得体无完肤。因此很多员工只是沉默地工作，变成了只会被动工作的“工具”。

一个员工的优势和潜能否充分发挥，关键在于上司能否正确引导。上述事例中，两个背景相同的企业却有着不同的命运，这与管理者的管理理念息息相关。事实证明，作为一个团队的管理者，在管理员工的时候一定要多看其优点，并对其进行适当的鼓励、激励。只有这样才能激发其把工作做到最好。

然而，在实际管理过程中，很多老板总觉得员工有这样或那样的不足。其实，作为一个管理者，就不应该有这样的想法。为什么不去多看看他们身上的优点呢？每个人都有自身的优势和劣势，很多人之所以在工作中少有突出成就，就是因为自身的优势无法发挥出来。

对下属进行科学的管理是团队生存与发展之本，杰克·韦尔奇说过：“要相信，员工的潜能绝对超乎你的想象，只要你肯挖掘，你就会得到一笔惊人的财富。”因此，作为老板必须善于利用下属优势和潜能，并且在他们无法认识清楚自己时，要给予充分的帮助和支持，根据每个下属不同的学识、能力、经验，采用不同的方法最大限度地助其发现优势，挖掘潜能，将聪明才智发挥到最大。

那么，面对形形色色的员工，如何看到每个人的优点呢？可以从以下两个方面入手：

(1) 首先要从思维上摆正自己，多看别人优点，少看缺点

人在了解其他人时总是习惯把对方的优点看作理所当然，对方的缺点却紧盯着不放。这种情况，对于企业管理者来说却是必须避免的。尽管每个人都有他的长处和短处，有优点也有瑕疵，但是，作为老板要拥有一个“客观公平”的大脑，在黑暗处善于看到大多数人看不到的光亮，不要总把眼光聚焦在下属的短处上面，而是换一种思维，多看他们的优点和潜能。当你看到其一个优点，就会越来越觉得对方的优点很难得，进而发现其价值。

很简单的一种思维调换，结果却有明显的不同。因此，企业老板在用人的时候，一定要善于抓住下属身上的闪光点。只要想办法使员工的优势充分发挥出来，就会形成良性循环。

(2) 积极沟通，了解每个下属的过去、现在

明确下属的优缺点，并能对其进行合理运用，前提就是对这个人足够地了解，包括过去的经历、现在的表现、未来的发展等。只有进行全面深入的了解，客观科学的分析，才能得出正确的结果。

而实现这一切的最佳途径就是沟通，作为团队的最高统治者，位高而权重，本来就容易脱离基层的体验。如果没有足够的沟通，很容易就成为“聋子”和“瞎子”。所以，老板要主动融入下属的生活，多与他们沟通，建立科学完善的考察、反馈机制；对下属的日常表现进行评估，发现其优势所在。

只有对员工的优势进行正确引导，他们的潜能才能被发现，并朝着正确的方向发展。

(3) 根据下属的优点进行工作调配

“没有平庸的人，只有平庸的管理”，在合适职位上，做最擅长的事，就有利于自身优势的发挥。现在很多员工之所以不够优秀，是因为没有被安排在对的位置上，没有做自己擅长的事。作为老板，有义务、有职责帮助下属正视自己。

7. 化解抱怨，还下属一个好心情

下属的抱怨，是老板在团队管理工作中经常遇到的一个问题。团队中由于每个人的利益不同，看问题、考虑问题的角度不同。一旦有些事情考虑不周、处理不当，便会引发下属的抱怨和牢骚。虽然这都在所难免，但带来的负面效应却是不容忽视的。

如，有的人认为自己的待遇不公，便会消极怠工以表抗议。一位瑞典学者曾做过如下调查。

他以 200 名女性职员为研究对象，进行面对面的谈话，结果发现越是对工资不满的人，越是无法热衷于工作。她们口头上说因为工资低而无法热衷工作，实际上她们讨厌本职工作的情绪完全超过对工资的不满。

其实，抱怨和不满并没有那么可怕，可怕的是老板无法很好地去协调、化解这种矛盾。或没有体察到这种抱怨，或者对抱怨的反应迟缓，从而使抱怨的情绪蔓延下去，最终导致无法收拾。

刘艳是某公司的一位职工，在那里工作已有 3 年的时间。第一年的时候，由于运气不佳，没能赶上调薪的好机会。原本以为第二年能够加薪，可是公司只给那些升了职的下属涨了工资，其余的人还是维持原状。于是，她又把所有的希望放在第三年，可是老天爷似乎偏偏在与她作对。第三年公司的业绩出现了下滑，利润大大缩水，公司明确指出本年任何人都不能加薪。听到这个消息，刘艳心里特别不平衡：明明做的是同样的工作，可自己的薪水却没有别人的多。已经工作了 3 年，没有功劳也有苦劳吧？为此，她总是在自己的上司面前有意无意地发牢骚：只知道让牛拉车，却不给牛添草。有一次，她甚至当着主管的面直接说道："这些活儿让那些薪水多的人做吧。"

刘艳的主管是比较理解她的，其实主管自己也是一肚子的委屈，她的工资在去年虽然涨了一些，可是今年由于业绩不好公司所有的主管工资又下调了 5 个百分点。要不是觉得自己是个主管，不应该和下属一起说公司的不是，恐怕她早就和刘艳成为知音了。

再说，公司最近常常加班，普通下属加班还可以调休，可是主管加班却完全是义务，老板从来没说过一句感谢的话。想到这里，主管对于刘艳的不满稍稍减了一些，她明白下属有怨气也是可以理解的，于是便耐心地跟刘艳讲公司的情况，还拿自己和她做比较。听了主管的一番话，刘艳的气消了许多。

当下属产生抱怨时，如果老板能够通过恰当的方式消除下属的抱怨，在发现问题的时候能够及时“疏导”，就能够及时安抚下属的消极情绪。反之，如果不及时解决，就会严重地影响其工作的积极性和进取心，以致消极怠工，或与老板产生对立情绪，对老板的工作不支持，对老板的指示不服从。所以，对于老板来说，应该正视下属的抱怨，对其关注加以解决，倾听下属的心声。

俗话说：一人难满百人意。在管理活动中，老板即使做得再好，也会有一些下属不满意，也往往被抱怨这、被埋怨那。面对下属的抱怨，老板应该如何对待？

(1) 不可忽视下属的抱怨

有些老板认为，下属的抱怨只要不加理睬，就会自行消失。还有些老板认为，只要对下属安慰几句，他就会忘掉不满。其实并非如此。没有得到解决的不满将在下属心中不断升温，直至沸点。虽然刚开始可能只是某个下属在抱怨，但很快可能越来越多的下属都在产生抱怨。这种现象并不奇怪，因为抱怨者在抱怨时需要听众（其他下属），并且要争取听众的认同，所以他会不自觉地夸大事件的严重性和范围，并且会尽力与听众的利益取得联系（为了获得认同）。在这种鼓噪下，自然会有越来越多的下属偏听偏信，最终加入抱怨的行列。这也就是老板遇到麻烦的时候——忽视小问题，结果让它恶化成大问题。所以，老板不应该把下属们的抱怨当作小事一桩。这些抱怨对老板来说或许不成问题，但对下属们却甚为重要，因而不可掉以轻心，漠然视之。

(2) 认真倾听下属的抱怨

下属最普遍的抱怨形式就是唠唠叨叨，把自己的一肚子不满倾倒出来，对此，作为老板绝不能装作听不见。相反，你一定要做下属的听众。一旦听到下属的抱怨，老板应放下架子，立即深入到下属之中，谦虚真诚、满腔热情地与下属打成一片，认真地听取下属的意见，深入地进行调查研究，搞清是哪些下属在抱怨，抱怨什么，主动把握有关方面的情况。只要能让下属在你的面前抱怨，你就可以获得他的信任。如果下属的抱怨确实是合理的，请做出承诺并尽快履行；如果抱怨是不合理的，一定要对其进行批评教育。

(3) 经常进行一对一的沟通

发现某个下属在抱怨时，你可找一个单独的环境，与发牢骚的下属一对一面谈，让他无所顾忌地进行抱怨，你所做的就是认真倾听。只要你能让他在你面前抱怨，你的工作就成功了一半，因为你获得了他的信任。

(4) 鼓励下属以合适的渠道表达不满

下属的抱怨一般都是对管理工作的不满。管理工作不可能没有一点问题，只有在出现问题中不断改进，才有可能不断进步。企业要发展，管理工作要进步，如果听到的都是正面的东西，没有一点点负面的东西，才是真正地有问题。下属对企业有抱怨证明下属还是在乎企业的，有就让他们说出来，最怕的是下属有抱怨也不说。

总之，作为一名出色的老板，要能与下属进行有效的沟通，了解下属的需求。在发现下属对企业现状有不满的时候，把握好机会与下属进行沟通。这样才能在下属的不满中完善管理，抓住他们的心。

C H A P T E R 4

以信取人——先信任员工才能被员工信任

世无诚信不宁，国无诚信不稳，业无诚信不旺，家无诚信不和，民无诚信不立，官无诚信不忠。诚信是一个人的立身之本、立德之基。作为团队的带头人、掌舵人，只有真正做到言必信，行必果，以身作则，以信取人，带头讲诚信，做诚信的模范，才能赢得全体成员的支持。

1. 人无信不立，企业无信不振

诚信，向来被认为是做人的最基本标准，最核心的价值，要求承诺行动一致，客观有信用，无诚信者就是伪君子。除了做人之外，有关诚信在各个领域都有谈及，包括伦理学、宗教、专业操守、政治学……

一个企业，一个团队，是否讲诚信，涉及的实际是管理学的层面，管理也需要讲诚信。要对客户讲诚信，对合作者讲诚信，对下属讲诚信，尤其是对下属的诚信是最不允许含糊的，如果连自己的下属都欺骗，这说明你的企业、团队已经失去了根本。试想，一棵从内部开始溃烂的大树，即使从表面上看很高大也离倒下的日子不远了。诚信作为伦理规范和道德标准，必须成为一个管理者所具备的基本素养和行为指导。

对下属不讲诚信，企业将会寸步难行，然而在现实中却上演着一幕幕类似的“惨剧”。很多媒体也曝出拖欠工资、扣发奖金、变相加班、老板跑路的现象。表现最突出的就是，近两年火起来的互联网金融新兴企业——P2P 平台。

2013 年我国有 75 家 P2P 平台出现问题；2014 年 1 月到 11 月，又有 178 家倒闭，出现提现困难等各种问题。截至 2014 年 12 月底，全国出现问题的 P2P 平台已达 338 家。最短时间跑路的十大网络平台主要集中在经济发达的东南沿海地区，其中寿命最短的仅半天，最长寿命也不过 20 天。没有最快，只有更快，跑路的纪录一次次被刷新。这些不诚信的老板损害的不仅仅是本公司员工的利益，还欺骗了大批投资者，这也是导致这个行业“来也匆匆，去也匆匆”“失去人心”的主要原因。

在现代经济社会中，诚信不仅破坏道德规范，也损害了很多人的利益，扰乱行业规则和经济秩序，在一定程度上甚至比经营不善、恶性竞争带来的危害更大。纵观那些世界名企都十分重视诚信的建设，让其孕育于企业文化，扎根于企业文化，渗透于企业文化。正如管理学大师彼得·德鲁克所说：“大量而广泛的实践证明，在企业的不同发展阶段，企业文化再造是推动企业前进的原动力，但是企业诚信作为企业核心价值观是万古长存的，它是企业文化与企业核心竞争力的基石”。

通用电气公司在给其股东的一封信中首先讲的就是企业诚信问题，“诚信是我们价值观中最重要的一点。诚信意味着永远遵循法律的精神。但是，诚信也不远远只是个法律问题，它是我们一切关系的核心”。塑造和坚持企业诚信作为企业文化的核心价值观，对形成支撑企业健康发展的独特文化特征，推动企业从优秀迈向卓越具有巨大的促进作用。

也许有人认为诚信这个话题，是一句空话，是一句套话，或者仅仅体现企业发展的战略层面。有这种狭隘的认识就大错特错了，其实，诚信更多地体现在细节、小事上。现实中，还存在这样不讲诚信的现象，那就是出尔反尔、反复无常。正因为这种行为表面上看伤害不大，所以成了很多老板最容易忽略的一点。

上海某工业区有段时间实行错峰用电，每周由2天全白天停电扩至4天，其中2天为周一和周五的上班时间，从而影响很多公司的正常运营。一公司所有员工一致要求改善办公条件，在办公室增加电风扇。为了解决在酷暑里坚持办公的问题(职员办公没有配备风扇，下属生产现场均有)，老板通知行政部拟一份电扇购买方案，先征求了部分员工的意见。

最后，老板决定每个办公室配备至少一把落地风扇。然而久久却没有动静，后来又以种种理由推辞，说采购遇阻，这样或那样的困难摆一堆，他始终相信大家能理解。

事实上，他的行为在员工心里形成了故意拖延的嫌疑。事实上也是，这个老板真是这么想的，他认为限电属于短期举措，只有几天的时间，购买大量电风扇是浪费，明显增加成本，于是拖一天是一天，以等待供电恢复正常。

几天又过去了，员工仍没有见到所谓的电风扇，有的员工甚至当面与老板交涉过，得到的仍是模棱两可的答复。结果办公室的员工怨声载道，逢周一和周五请病假、事假的人大增，即使上班的人也是心不在焉。

迫于压力，老板不得不把全部电风扇买了回来。

诚信无小事。有些事情在老板眼里也许是个小事，但对员工来说却是大事。就像案例中的风扇风波，老板无故拖延，就是不诚信的表现。尽管后来全部买回来，兑现了原先的承诺，但由于一来二去的波折，给员工造成的不诚信印象也是很难挽回来。

所谓一诺千金，承诺的就该兑现，买几台电风扇，与失去员工对自己的信任，哪个重要？显然是前者。但总有很多老板认识不到这点，往往导致本末倒置，捡了芝麻丢了西瓜。 综上所述，无论在大事上，还是小事上，都需要讲诚信，以诚信为先。作为老板，要树立一种诚信文化的意识，潜移默化地去影响自己的下属，树立正面的形象，将诚信当作企业文化的重要组成部分。

2. 重诺守信，不要滥开“空头支票”

团队管理最终目的是利润最大化的实现，而信守承诺则是实现管理效能最大化的基础。对下属来说，老板本身就是企业制度和文化的最直接代表，一言一行、一举一动都是权威，对整个团队可产生很大的影响。

如果不信守承诺，很难服众。

“他作为一厂之长，经常不兑现承诺，这让我们下属怎么相信他？一个不信守承诺的厂长，怎么能管理好全厂几百名员工？……”

上面的话出自某工厂一位员工之口。由此可见，无论什么情况下，老板对下属出尔反尔都是一件非常严重的事情，会极大地损伤下属的感情，损害整个团队的声誉和信用。所以，老板对自己做出的决策、承诺，必须说到做到。

威轮集团是我国一家生产发动机的大型民营企业。2000年，集团成立了一个项目部，开始了舷外机的仿制开发。

当时，舷外机在民用和军工市场上都有巨大的潜力，利润空间比通用发动机大得多。为了加快研发进度，抢占市场空间，威轮集团主管领导对舷外机研发组许下承诺：如果在规定的时间内开发出达到满足特定技术指标的产品，集团将给予研发组10万元的奖励。

在两位老专家的指导下，研发组的年轻工程师们开始了紧张的工作。经过大家的不懈努力，产品在规定期限内开发出来，并达到了特定的技术指标。之后，威轮集团为产品上市开展了各种推介活动。然而，市场对其推介活动反应平平，潜在客户多数处于观望之中。

市场的冷淡反应浇灭了集团管理层的热情，集团领导放出话来：“项目没有达到预期效果，市场没订单别提奖励的事。”听到这个消息，长时间负重冲刺的研发人员们感到心灰意冷。在不到半年的时间内，大多数研发人员都离开威轮，各奔前程了。5年之后，舷外机市场热闹起来。威轮集团准备重启舷外机项目的时候，却发现当年的研发人员已全部离开，要想重启这个项目，企业必须再招一批人马，另打锣鼓重开张。

威轮集团的事例给我们以深刻的启示：作为老板不要轻易许下承诺。有些老板在非常时期向广大下属许以种种诱人的承诺，事后却不兑现，这样做得不偿失，因为即便一时激励了下属的创造性和积极性，侥幸渡过难关，但失去员工的信任，对企业的发展却是有百害而无一利的，严重的甚至导致企业无法存活下去。所以，一个企业要想长期发展，老板首先就要做到言而有信，讲诚信，如期兑现诺言。

恪守承诺是维护老板权威的要诀。对于老板而言，有许诺，则必须按时做到。因此，在做出任何承诺之前都要深思熟虑。如果不能完全肯定自己能够兑现，那就不要轻易许诺。当你对下属说："干完这件事，我一定会给你加薪。"你心里就要确保这个承诺是可以兑现的。

下属得到老板的承诺，会谨记在心，届时就期望能成为现实。得到了满足，就会激发干劲，否则就会非常失望，甚至走人。所以，老板按时兑现自己的承诺是至关重要的。

约翰·巴尔多尼在《管理者诚信是金》一文中指出，"诚信对于一位管理者来说至高无上。有了它，他才能够到达'承诺之地'；没有它，他就会在期望失落的荒漠上徘徊不前。诚信一旦失去，也许就无法重新获得。因此，对于任何一位希望有所建树的经理，一大教益就是要保护好你的诚信，照顾好它，永远不要把它丢失。"作为一个老板，只有言而有信才能服众。要取得其他人的信任，就必须做出让其他人信任的事情来，以证明你拥有这样的能力、品格或承诺——信任不是说出来的，一定是做出来的。

想要使部下相信自己，并非一朝一夕所能做到的，必须经过一段漫长的时间，兑现所承诺的每一件事，诚心诚意地做事，让人无可挑剔，才能慢慢地培养出信用。所以，如果老板想赢得下属的信服，就应从自己的每一句话开始，从自己的每一个行动开始，做到言行一致。只有这样，才能使下属感受到老板是可以信赖的，才能引发他们更强的责任感。

张远是一位销售人员，刚进公司的时候，老板召开全体下属大会，用浑厚响亮的声音对大家说："大家知道，我们公司虽然只有十几个人，可我们却有着广阔的发展空间，只要我们用心、用脑好好工作，以后一定会为在我们公司工作过而自豪。我相信你们不缺激情，我也相信你们会努力工作！这样，面包会有的！车子、房子也会有的！……"听着老板亲切又激昂的讲话，张远内心涌起感动。

经过几个月的艰苦努力，张远的业绩直线上升，于是他被留下了，成了一名正式职工。按照公司规定，他需要和公司签订用工合同。一天，张远走进老板办公室，提及用工合同的事，老板说："这个事我知道的，合同不过是一张纸，过一段时间你们对公司熟悉之后再说吧。先把手上的事情干好——这只是一件很小的事情嘛！"张远缄默了，只有等待。

时间过得飞快，转眼一年过去了，老板始终没有记起这张"简单的纸"——难道"人精"老板日理万机，得了健忘症不成？试用期的薪金待遇只有普通下属的一半，张远觉得有必要跟老板提一下。

有一天张远趁老板在办公室，便敲了敲门进去了。老板很热情主动开口了："张远啊！有什么事吗？"

"老板，我们来公司快一年了，合同还没签呢。您看什么时间把这个事情办一下啊？"

"哦！对，看我的脑子，忙起来什么都忘记了。好，我马上就起草啊！这几天就办，你回去和大伙说，这几天就签啊！"

张远高兴地走了，迫不及待地告诉同事们这个好消息去了。可转眼又两个月过去了，老板依然只字未提合同的事。张远和他一起进公司的几个同事决定再找老板谈一谈，不过这次谈的是辞职的事情。

无论什么情况下，老板对下属出尔反尔都是一件非常严重的事情，它会极大地损伤下属的积极性，还会损害老板的声誉和信用。

人先信而后求能，对一个想做成功老板的人来说，必须做到的就是诚实守信。要知道，信用名誉就是一切。在组织或企业中，对下属的诚信就是对下属最大的尊重，是"以人为本"理念的起码体现，每个老板都应该深刻领会"一诺千金"的丰富内涵，切实做到"一言九鼎"，以赢得下属的信任，带领下属一道为企业的发展而努力。

3. 杜绝猜忌，不要给团队传递负能量

有这样一个小故事——

兄弟三人来到一饭馆，他们各自点了一份蛋炒饭。当服务生把蛋炒饭端上桌时，兄弟三人发现自己都没有带钱。

老大说："我是大哥，取钱的事不该由我来做。"

老二说："我认为派小弟去取钱是最合适的，老大你说呢？"老大表示同意。

老三说："我可以去取钱，但是你们谁也不能动我的饭！不然我就不去了！"

老大老二连声答应，并且保证绝对不会吃他的蛋炒饭。

于是，老三走了，老大老二很快就把各自的蛋炒饭吃完了，但是意犹未尽，还想再吃。他们看着老三的蛋炒饭，馋涎欲滴，出于做了承诺，还是强忍着不去吃。等了好久，老三还没有回来。于是老大和老二就商量："我们还是把老三的蛋炒饭吃了吧！"正当他们准备吃的时候，老三从门外跳进来："哼！我就知道你们会吃我的蛋炒饭！所以我一直躲在门外防着你们。果然，你们要吃我的！幸亏我没有相信你们，

要不然又要吃大亏了!”

看完这个故事，你可能会觉得很好笑，但如果我们把兄弟三人看成一个团队，那么显然这个团队信任出现了很大的问题。首先，老大和老二没有信守自己许下的承诺；其次，老三出于某种原因对两位哥哥也不信任，一直没有去取钱。现实生活中，如果我们的团队也出现这样的问题，那是很可怕的，完全失去了合作的基础。

人与人之间需要信任，团队各成员之间更需要信任，避免猜忌。猜忌是团队蛀虫，是一种负能量，相互之间一旦猜忌起来，这股不正之风就会蔓延开来，影响到团队的安定、团结和发展。事实证明，团队中成员互相猜忌、互不信任，很容易相互打压或倾轧。不过，我们这里重点讲老板对下属的信任，即作为老板不要随便对自己的下属猜忌，这会影响你的用人决策。

信任有化腐朽为神奇的力量，能够把大家凝聚起来，产生远胜于个人的能量，创造不可思议的团队绩效。上司信任下属，是团队生存与发展的基础，一个团队上司如果不信任自己的下属，尤其是在做重大决策时，涉及某些利益关系，对执行这件事情的人胡乱猜忌，所进行的事情就很难开展、执行，所谓的团队合作也只是一厢情愿、一句空谈而已。

明末的崇祯皇帝生性多疑，正是因为对下属不信任，听信谗言，才导致明王朝覆灭。明代著名将领袁崇焕，文武双全，用兵有方，屡破清兵侵边，努尔哈赤在他的炮火之下曾受重创。崇祯未称帝前就知袁崇焕战功卓著，才能杰出；称帝后便下诏任袁崇焕为兵部尚书，并且赐袁崇焕尚方宝剑，委以重兵，镇守边关。但是，崇祯用人猜忌重重，派人暗中监视袁崇焕。当后金统帅皇太极率兵取道蒙古，向北京方向扑来时，袁崇焕急督师回援，想先敌于北京城下，保护京师，并亲自率军抵广渠门。

崇祯却疑忌袁崇焕反叛，不让其率军入城休息。袁崇焕只得身先士卒与来犯之敌展开激烈战斗。正在这时，朝中嫉贤妒能之人散布流言：有的诬告袁崇焕拥兵纵敌，有的诬告袁崇焕引敌胁和。崇祯在疑忌中听了流言与密告，将袁崇焕逮捕入狱。阉党余孽也趁机起哄，诬害袁崇焕。崇祯不问是非，将袁崇焕以谋叛罪处死，这实是自毁长城。无怪乎后人在总结明朝灭亡原因时说：自从袁崇焕死后，边境的战乱就没有停息过，再也没有杰出的人才能阻止清兵侵犯，明朝的覆灭与崇祯用人多疑关系极大。

有些老板想重用身边的人，又极度不信任，总想着寻找蛛丝马迹来证实自己的怀疑。其实这是一种自我保护，这种自我保护虽然有积极的一面，但更多时候，会造成老板与下属之间产生隔阂，使彼此无法开诚布公地沟通和坦诚地相处。老板如果生性多疑，习惯猜忌下属，那么下属将会变得人人自危，有的为自保甚至会不惜损耗团队利益。

对下属进行无端猜疑是老板的一大忌讳，很多团队就毁于老板的怀疑和猜忌。带过团队的人都知道，一个心态不健康的人，会带坏整个团队，所以，无论是从大局着想，还是从团队的未来发展考虑，老板都必须快刀斩乱麻，割除猜忌的毒瘤。

美国通用电气前 CEO 杰克·韦尔奇曾经自豪地说："我信任我的下属，他们也信任我。"信任不只是老板的事或下属的事，信任是团队成员共同要做的事。现在很多老板抱怨这个下属阴险狡诈，那个下属背信弃义，没人值得信任。此时想一想，你是否给了其足够的信任？你自己也是否值得别人信任？只有当信任产生互动，信任的力量才会产生，组织才会变得强大。如果老板对下属的个人品质产生怀疑，很难想象下属会毫无猜忌地竭诚合作。

对一个团队来说，建立信任是非常重要的。所谓信任，就是坚定地将心托付，无论发生什么事，凭着对一个人的了解，都有理由去相信一个人的所作所为，不会因为流言蜚语，费心思去求证真伪。

信任是一种有生命的感觉，也是一种高尚的情感，更是一种连接人与人之间的纽带。在社会生活中，你有责任、有义务去信任另一个人，除非你证实了那个人不值得信任；你也有权受到另一个人的信任，除非你已被证实你不值得信任。

信任是合作的开始，是团队管理的基础，是团队成功的前提。当一个团队建立了信任，成员之间就容易做到相互包容、相互体谅、相互帮助，团队成员也容易产生积极的工作情绪，大家的满意度、团队忠诚度、工作效率也会随之提高。因为团队建立了信任之后，能使每个人都感到自己对他人的价值和他人对自己的意义，这样大家更愿意进行合作，更愿意给予别人支持和帮助，从而减少老板协调的工作量。同时，信任可以促使大家信息共享，有效地提高合作时的和谐程度，促进团队效益的提高。

总之，信任有化腐朽为神奇的力量，能够把大家凝聚起来，产生远胜于个人的能量，创造不可思议的团队绩效。一个相互信任的团队，是一支有凝聚力的团队，也是一支有战斗力的团队。老板应该把团队的信任建设作为团队建设的主题，搭建信任的平台，形成互信的氛围，促进大家团结协作，发挥团队的整体力量。

4. 用人不疑，信任激发潜能

信任，对于下属而言，是一种最好的激励；对于老板而言，则代表一种能力。当老板把信任给了下属，下属就会感到身上担子的沉重，也会感到一种温暖，更会形成自我约束。

在实际工作中，很多下属都有这样一种心理，就是希望得到老板的信任和尊重。而建立信任正是一种“投桃报李”的策略，让人迸发极大的能量，真正地为老板所用。

有一个年轻人，好不容易获得一份销售工作，勤勤恳恳干了大半年，非但毫无起色，反而在几个大项目上接连失败。而他的同事，个个都干出了成绩。他实在忍受不了这种痛苦。在总经理办公室，他惭愧地说，可能自己不适合这份工作。

“安心工作吧，我会给你足够的时间，直到你成功为止。到那时，你再要走我不留你。”老总的宽容让年轻人很感动。他想，总应该做出一两件像样的事来再走。

于是，他在后来的工作中多了一些冷静和思考。

过了一年，年轻人又走进了老总的办公室。不过，这一次他是轻松的，他连续7个月在公司销售排行榜中高居榜首，成了当之无愧的业务骨干。原来，这份工作是那么适合他！他想知道，当初，老总为什么会将一个败军之将继续留用。

“因为，我比你更不甘心。”老总的回答完全出乎年轻人的预料。老总解释道：“记得当初招聘时，公司收下100多份应聘材料，我面试了20多人，最后却只录用了你一个。如果接受你的辞职，我无疑是非常失败的。我深信，既然你能在应聘时得到我的认可，也一定有能力在工作中得到客户的认可，你缺少的只是机会和时间。与其说我对你仍有信心，倒不如说我对自己仍有信心。我相信我没有用错人。”

这就是信任的力量。信任，不仅能有效地激励人，更重要的是能塑造人，在信任的氛围中，下属可以尽情发挥自己的聪明才智。正如管理大师史蒂芬·柯维说：“信任是激励的最高境界，它能使人表现出最优秀的一面。”

老板对下属的真诚信任，通常会收到下属主动性和积极性的回报。信任，通俗地讲，就是是否把人当人看。人，最重要的不是他是什么，而是你把他当作什么。你给他信任多少，他就会给你回报多少。关键是你对他的导向。你的沟通、你的行为、你的认识、你的习惯而形成你固有的用人文化。一个对他人总不放心的人，最终是孤独、孤立而失望的。

有一副讽刺调侃人事制度的对联是这样写的：“说你行，你就行，不行也行；说不行，就不行，行也不行。”如果把它看成一副哲理性的对联又何尝不是呢？“说你行，你就行”，这就给了你信任，有了信任，你自然也就有了信心。

在第二次世界大战时期的诺曼底战役中，盟军总司令艾森豪威尔任命一位军官到第三集团军当师长。巴顿就是第三集团军的司令。当巴顿听说这个消息后，立即表示反对。巴顿认为这个人很无能，不愿意让他在自己手下工作，但艾森豪威尔仍一意孤行。

此后不久，巴顿最担忧的事情发生了。这位军官果然把事情搞得一团糟，打了败仗。这时，艾森豪威尔意识到问题的严重性，就命令那个军官辞职。巴顿却表示绝对不让他辞职，这大大出乎所有人的预料。

在一开始，最先提出不让这位军官任职的是巴顿，而此时，他又不愿意辞退这位无能的军官。面对艾森豪威尔的质疑，巴顿斩钉截铁地给出这样的回答：“虽然他表现不佳，但那时候他是你们多余的军官之一，而现在他是我的部下，我就要信任他的能力并承担他的一切，无论好坏，我会尽全力使他成为一名合格的将军”。

此话一出，所有人都为之动容，而那位军官更是对巴顿非常感激，从此奋发努力，成为一名合格的将军。

俗话说，士为知己者死，人是有感情的动物，宽容和信任是人与人之间建立良好关系的基础，老板只有以心换心才能赢得下属的真心。

而得到老板的宽容和信任的下属就会将自己最大的热情投入工作中，将自己的积极性和创造性转化为最大的工作效率，从而提高整个企业的竞争力。

美国学者弗兰西斯说：“你可以买到一个人的时间，你可以雇一个人到固定的工作岗位，你可以买到按时或按日计算的技术操作，但你买不到热情，你买不到创造性，你买不到全身心的投入，你不得不设法争取这些。”领导者信任下属，就相当于帮助下属做出了“我能够胜任，我可以做好”的承诺，并从老板的角度认可、接受了下属的这种承诺，因而下属会自动自发、不懈努力，以兑现这种基于老板信任的承诺，做到不负重托与期望。

> 王征是一家印刷厂的老板。他的印刷厂承接的东西品质都非常精细，但印刷员是个新来的，不太适应这份工作，所以主管很不高兴，想解雇他。
>
> 王征知道这件事后，就亲自到了印刷厂，与这位年轻人交谈。王征告诉他，对他刚刚接手的工作，自己非常满意；并告诉他，他看到的产品也是公司最好的成品之一，相信他一定会做得更好，因为对他充满信心。
>
> 这能不影响那位年轻人的工作态度吗？几天后，情况就大有改观。年轻人告诉他的同事，老板非常信任他，也非常欣赏他的成品。从那天起，他就成了一个忠诚而细心的工人。

信任，是一种最默契的互勉。老板对下属的信任，是一种最有效的激励，能切实提高下属的工作效率、执行力、创新力、向心力及忠诚度与归属感，从而降低管理成本，更能使下属产生强烈的责任感并释放能量与潜力。

用信任调动下属身上的潜能，是老板的高明之处，也是老板的基本功。老板确实应当有意识地加强“信任”这种能力。但值得注意的是，只有建立在包容和授权基础上的信任，才是真正的信任，否则信任就是一张无用的空头支票，是无法购买到下属发自内心的工作热情的。

5. 信任+敢于授权，你才能做甩手掌柜

信任是授权、用权的关键。老板授权有没有效，很大程度取决于它。不信任地授权，等于没授权。放碗不放筷，想放又不敢放，放后又干涉，放了又收，收了又放，犹犹豫豫，反反复复，这些态度都是不信任的表现。

我们经常可以听到老板不愿意授权的理由：“我是想给我的下属权力，但是总怕他们把事情搞砸，现在什么事情都要我亲自过问，真的很累。”下属同样抱怨：“老板让我做事，总不给我处理问题的权力，事事都得汇报，没有一点施展的余地，工作起来总觉得磕磕碰碰。”其实，这不是该不该授权的问题，而是应该怎样授权的问题。

授权的基础是信任下属，放心让下属去做事情，承担任务。而老板在赋予下属权力时又担心他们会犯错误，横加干预，指手画脚，这等于根本没有赋予权力。所以，成功的老板要做到放心地授权，即信任下

属。相信一个人的能力，还要委托他一定的任务，这样才能发挥人才的作用。

> 一位中国主管看见美国调色师正在调口红的颜色，走过去随便说了一句：“这口红好看吗？”美国调色师站起来：“第一，亲爱的余副总（美国人通常都是叫名字的，叫了头衔就表示心中不太愉快了），这个口红的颜色还没有完全定案，定案以后我会拿给你看，你现在不必那么担心。第二，余副总，我是一个专业的调色师，我有我的专业，如果你觉得你调得比较好，下个星期开始你可以调。第三，亲爱的余副总，我这个口红是给女人擦的，而你是个男人。如果所有的女人都喜欢擦，而你不喜欢没有关系；如果你喜欢，别的女人却不喜欢，完了。”
>
> “对不起，对不起……”主管知道自己干预得太多，且问话有些不妥，连声道歉。

从上面这个案例可以看出，授权与信任密切相关。老板如果对下属的工作不放心，三番五次地进行检查，那么这是对下属不信任的表现。

工作中，习惯于相信自己，放心不下他人，经常不礼貌地干预别人的工作过程，这可能是老板的通病。而这也容易形成一个怪圈：老板喜欢从头管到脚，越管越变得事必躬亲，独断专行，疑神疑鬼；同时，下属也越来越束手束脚，养成依赖、从众和封闭的习惯，把最为宝贵的主动性和创造性丢得一干二净。如此的怪圈显然对企业的发展是不利的。

经营之神松下幸之助曾说：“最成功的统御管理是让人乐于拼命而无怨无悔，实现这一切靠的就是信任。”作为老板，如果你将某一项任务交给你的下属去办，那么你要充分信任你的下属能办好，因为信任具有无比的激励威力，是授权的精髓和支柱。在信任中授权对任何下属来说，都是一件非常快乐而富有吸引力的事，它极大地满足了下属内心的成功欲望，因信任而自信无比，灵感迸发，工作积极性骤增。

1926年，日本“经营之神”松下幸之助想在金泽开设一家办事处。他将这项任务交给了一个年仅19岁的年轻人。松下把年轻人找来，对他说：“这次公司决定在金泽设立一个办事处，我希望你去主持。现在你就立刻去金泽，找个合适的地方，租下房子，设立一个办事处。资金我已经准备了，你拿去进行这项工作。”

听了松下这番话，这个年轻的业务员大吃一惊。他惊讶地说：“这么重要的职务，我恐怕不能胜任。我进入公司还不到两年，是个新职员。我年纪还不到20岁，也没有什么经验……”他脸上的表情有些不安。

可是松下对他很有信心，以几乎命令的口吻对他说：“你没有做不到的事，你一定能够做到。放心，你可以做到的。”

这个下属一到金泽就立即展开活动。他每天都把进展情况一一写信告诉松下。没过多久，筹备工作都就绪了，于是松下又从大阪派去一些职员，顺利地开设了办事处。

松下幸之助第二年有事途经金泽，年轻人率领全体下属请董事长去检查工作。为了表示对年轻人的信任，松下幸之助拍着年轻人的肩膀说："我相信你，你只当面向我汇报就可以了。"那位年轻人非常感动，后来办事处的业绩越来越好，年轻人圆满地完成了任务。

松下幸之助回忆这件事时总结说："我一开始就以这种方式建立办事处，竟然没有一个失败……对人信赖，'权力'才能激励人……我的阵前指挥，不是真正站在最前线的阵前指挥，而是坐在社长室做阵前指挥。所以各战线要靠他们的力量去作战，因此反而激发起下属的士气，培养出许多尽职的优秀下属。"

由此看来，老板与下属之间只有建立起相互信赖的关系，才能使授权顺利有效。否则，老板对下属疑虑重重，事事过问，而下属对老板也怀有戒心，不敢放手工作，那就无所谓授权了。所以，当老板给下属授权时应当充分信任下属能担当此任，这才是作为各级老板应有的风格。

很多时候，有些老板不信任那些比自己职位低的人，认为他们不够聪慧，因此不能正确决策，或者怀疑他们是否与自己的目标相一致，或者怀疑他们是否掌握了与高层老板一样多的信息或是想法。如果这样不被信任，会让下属感到不自信，不自信就会使他们感觉自己不会成功，进而感到自己被轻视或抛弃，从而产生愤怒、厌烦等不良的抵触情绪，甚至把自己的本职工作也"晾在一旁"。所以说，一个老板如果不相信下属，那么就很难授权于下属，即使授了权，也形同虚设。

信任可以增强下属的责任感。信任下属，就要放手让他们去做，去创造，给他们一定的权力，激发他们的主人翁意识。也就是在分配工作的时候，要赋予下属相应的权力，准许他们在一定范围内调度人力、物力和财力。同时在工作中，给他们一定的自由度，允许他们自行做出决定，以达到任务所要求的结果。作为老板，只有对下属充分地信任，以信任感激励下属的使命感，下属才能更加自觉地认识到自己工作的重要性，才能在工作中尽职尽责。

总之，授权应该建立在信任的基础上，这是最有效的授权之道。授权以后的充分信任等于给了下属一个平台、一种机会，给了其受尊重的感觉，让其有一个广阔的施展抱负的空间。

6. 相信自己，永保自信的姿态

自信心是人们完成某项任务时表现出的一种积极心理状态，它是对自我能力、自我价值的积极肯定。有人说，自信就像人生道路上随身携带的一根鞭子，不时地鞭策自己攻克难关，登上新的高度。的确，自信使人进步，使人发愤，使人走向成功。自信是战胜一切困难的必要条件，能够搭起成功的桥梁，任何时候只有树立坚强的自信心，遇到困难和坎坷才能够迎刃而解，才不至于悲观失望而停止行动、裹足不前。

成功的老板有一个显著特征，就是他们无不对自己充满了极大的信心，无不相信自己的力量。而那些没有做出多少成绩的老板，其显著特征则是缺乏信心。正是这种信心的丧失，使得他们缺乏魄力、放不开手脚。对自己充满必胜的信心，绝不容许任何东西动摇自己有朝一日必定事业成功的信念，这是所有取得伟大成就人士的基本品质。

新日铁公司是日本著名的钢铁企业，在它的发展历程中，发生过这样一件事：

有一次，老板相原满寿美决定，在公司内部率先降低生产成本，把生产效率提高一倍。这个改革是整个公司全面改革的一次试点，成败与否攸关着公司的未来。他率领下属努力拼搏，眼看着离预定目标越来越近。为此，公司上下非常高兴。

突然，一场意外事故从天而降。工厂的一套关键设备发生了故障，全厂生产一下子就停了下来。“糟了，这下完了！”相原满寿美顿时万念俱灰，只想以跳楼的方式了结此生。

这时，相原满寿美突然发现书案上的《统帅纲领》一书。他翻开此书，几行黑体字赫然映入了他的眼帘：“战胜，是由于将帅自信必将胜利；战败，是由于将帅自认为即将败北。因此，战争的最后结局主要决定于将帅！”

读完这段话时，犹如当头棒喝，他顿时振作了精神。马上前往工厂，带领技术人员夜以继日地工作。没过多久，他们就排除故障，恢复了生产。

在相原满寿美的带领下，改革目标终于如期完成了。此后，这个团队创造了新日铁公司历史上的一个伟大的商业奇迹！

大凡成功的人士，都有着自信与积极的人生态度。他们始终以饱满的激情，强烈的自信心和积极的人生态度，去坦然地面对困难，并善于克服困难。

自信是一种自我激励和鞭策，它会使自己的理想和希望变成奋进的动力和激情，这种精神支柱价值和动力平衡效应是难以言喻的。自己相信自己，就会具有驱动力、富有创造性。当你认识自己、相信自己、遵循自己内心的梦想努力实践时，你自身就会充满生命的能量，充满生命的激情，把精力专注于所从事的事业上。这样一来，在人生旅途中，不论是荆棘还是坦途，不论是赞扬还是责难，你都会义无反顾地坚持这个方向。正如英国政治家本杰明·迪斯雷利所说："当一个人全心全意追求一个目标，甚至愿意以生命为赌注时，他是所向无敌的。"

信心是行动的基础，也是老板走向成功的非常重要的心理素质。一个老板只有心里充满必胜的信念，对自己所从事的事业坚信不疑，他才可能迈出坚定的步伐，产生克服困难的勇气和力量，想出解决问题的方法和对策，赢得他人的信赖和支持，最后到达为之奋斗的终点。

美国前总统罗斯福还是参议员时，潇洒英俊，才华横溢，深受人们爱戴。有一天，罗斯福在加勒比海度假，游泳时突然感到腿部麻痹，动弹不得，幸亏旁边的人发现和挽救及时才避免了一场悲剧的发生。经过医生的诊断，罗斯福被证实患上了"腿部麻痹症"。医生对他说："你可能会丧失行走的能力。"罗斯福并没有被医生的话吓倒，反而笑呵呵地对医生说："我还要走路，而且我还要走进白宫。"

第一次竞选总统时，罗斯福对助选员说："你们布置一个大讲台，我要让所有的选民看到我这个患麻痹症的人，可以'走到前面'演讲，不需要任何拐杖。"当天，他穿着笔挺的西装，面容充满自信，从后台走上演讲台。他的每次迈步声都让每个美国人深深感受到他的意志和十足的信心。后来，罗斯福成为美国政治史上唯一一个连任四届的伟大总统。

自信具有很强的影响力。凡是卓越的老板，不仅自己具有很强的自信心，而且他们甚至能够将自己的自信化作一种影响他人的力量，帮助别人树立信心，并获得别人的认同和支持。

自信是老板事业成功的阶梯和不断前进的动力。在许多成功老板的身上，我们都可以看到超凡的自信心。正是在这种自信心的驱动下，他们敢于对自己提出更高的要求，并在失败中看到成功的希望，鼓励自己不断努力，从而获得最终的成功。曾经担任过美国足联主席的戴伟克·杜根说过这样一段话："你认为自己被打倒了，那么你就是被打倒了。你认为自己屹立不倒，那你就屹立不倒。你想胜利，又认为自己不能，那你就不会胜利。你认为你会失败，你就失败。因为，环顾这个世界的成功例子，我发现一切胜利，皆始于个人求胜的意志与信心。你认为自己比对手优越，你就是比他们优越。你认为比对手低劣，你就是比他们低劣。因此，你必须往好处想，你必须对自己有信心，才能获取胜利。在生活中，强者不一定是胜利者；但是，胜利迟早属于有信心的人。"

自信是成功老板应具备的最基本的、最重要的心态，是老板必不可少的心理素质。一个充满自信心态的老板，才能让下属乐观地接受挑战和应对闲难，乐观地面对人生和他当前的事业。因为自信的力量是惊人的，它可以改变恶劣的现状。这种催人向上的力量，既是一种强大的内部驱动力，又是一种强大的自我约束力。它能使人燃起智慧的火花，充分挖掘自己的潜力，不断给自己提出新的要求，去完成各项任务，去创造发明。

自信是成功源泉！在每一个成功的老板背后都有一股巨大的力

量——信心，支持和推动他们不断向自己的目标迈进。只要你有充分的自信，相信自己能成为领袖，你的老板才能便会在无形中得到加强，你的精力会比以前饱满不知多少倍，有朝一日你真的就会成为一个杰出的领袖。

C H A P T E R 5

以情感人——关心员工让管理充满人情味

先赢得人心才能管理好团队，而征服人心往往是很难的。管理者对下属进行感情投资，先付出才有收获。人都是有感情的，以情感人，下属岂能无动于衷？情感投资是一项长期工程，只要肯付出，就会收获意想不到的效果。

1. 视下属如伙伴，不只做上司还做朋友

在常人眼中，老板与员工的关系是雇用与被雇用的关系，员工为老板创造价值，老板为员工发薪水，提供其他保障。这也成了很多老板的思维定式，认为理所当然，天经地义。然而，正是在这种不移至理的指导下，很多团队的内部关系出现了问题：下属对老板的抱怨无处不在，无时不在，原因各异，五花八门，“公司不规范”“领导不识才”“薪水太低”“工作太累”……

王晓云是一名刚刚走出校门的硕士研究生，毕业于一所名牌大学。她在学校期间是小有名气的才女，还没毕业就找到了一份工作，而且还算不错。可是工作没多久，当初那种激情已被现实“磨灭”，还对老板产生了不满。

要知道该老板是她当初对比了很多家公司之后做出的选择。老板沟通能力极强，说话条理清晰、层次分明，总能让人心悦诚服，且文字功底深厚，颇有诗书气质。不可否认，一个有文化内涵和才干的老板往往更能吸引员工，王晓云在抛来橄榄枝的几家企业中选择了这家小公司。

可进入公司不久，她就开始对其老板产生了不满，原因是，老板对她非常严格，几近苛刻的程度，而且不苟言笑，似乎永远对她不满。

于是，王晓云向公司提出了辞职。

这个例子中员工辞职的理由有些不可思议——领导对待下属常常不都是这么个态度吗？然而也正是这样一种态度，使很多下属感觉不受尊重，不受重视，从而选择离开。员工离职的理由也许很多：身体不舒服，回家结婚，家里有事，去另一个城市，出去散散心……这些理由大多都是避免作为老板的你尴尬而编造的善意的谎言。

可见，做个受下属欢迎的老板没那么容易，自身素质高，管理能力强还不够，情商还得高，会正确处理与下属的关系。当然，上下属关系不和谐，很多原因出在员工自身，这里暂且不提员工的原因，只想强调下作为老板该如何做。当你的员工频频更换，千万不要以为这是新能量源源不断地注入。作为老板，你必须好好找找自身原因了。

上下级关系向来微妙，历来是职场关系最复杂的关系之一，处理起来需要谨慎谨慎再谨慎。老板与员工关系这张网结得是否坚实关系到企业的长久，一张漏洞百出的网，经风轻轻一吹便支离破碎。网结得怎样，归根结底要看老板与员工是否共赢，利益是否冲突。

很多老板做得也不到位，有些人自己创业，自己做老板后，常常会沉浸在自己的小世界中，享受着高薪、高职位带来的自由、快感，从而忽略了下属的感受。

那么，作为老板，该如何定位与下属的关系呢？现在公认的观点上，先从"情"上入手。现在推崇柔性管理，讲的就是员工管理重在管理人心，只要获得了他们的心，就容易让他们对你信服，对团队产生依赖和忠诚。

因此，老板在管理下属时，需要把握好以下四个方面：

(1) 宽容待人

宽容待人是一个好老板必备的胸襟和情怀，那种只盯着员工缺点，指指点点，厉声呵斥的老板注定走不长远。

(2) 营造充满人文关怀的团队氛围

所谓人文关怀，就是要有人情味儿。老板不能只把员工当作自己的雇员，更应该当作自己事业的合作伙伴，当作自己的朋友。在员工困难时给予一定的关怀和帮助，无论是情感上的慰藉，还是物质上的帮扶。

(3) 提高工作之外的福利待遇

这是最基础的，也是最关键的，提高福利待遇是增强与员工交流及增强员工忠诚度最主要的手段。如在节假日或者某个员工生日时能给予员工一定的福利，让员工在工作之余感受到团体的温暖。另外，定时为员工做培训，多开展拓展训练、团体旅游等集体活动，增进员工间的情感和交流。避免克扣薪资和经常占用员工休息时间。

（4）“德”字当先

怎么样对待员工是老板的选择，甚至不是一种选择，而是一种姿态。你摆出什么样的姿态，你的员工都尽收眼底，并会在你看不到的地方以其人之道还治其人之身。老板有才能让人钦佩，地位高能让人敬畏，但真正能让员工发自内心尊敬和拥护的是其品德和修养。

总而言之，做老板前要先学会做人，学会与员工共处，这点做好了，在创业生涯的待人接物中定会上下同心、共创辉煌。

2. 柔性管理，感情如水却能无坚不摧

团队管理在于以人为本，人是企业最大的资源，是一切其他资源的根本，企业的共同价值观需要获得员工的认同，企业的经营决策需要员工去执行。只要有了人这一资源，企业就有了生存与发展的最大资本。因此，老板管理团队必须重视对人的管理。舍得在感情上做些投资，力求做到尊重人、关心人、理解人。只有让下属切实感觉到有“人性化”的管理制度，才能真正发挥自身的才干和潜能。

有关管理心理学研究发现，情感对人们的心理动向有着巨大的影响，一个人生活在充满温馨、友爱的团队中，每个人相互尊重、理解和容忍，人就容易产生愉悦、兴奋的心情，工作也更有主动性、积极性、创造性；而消极的负面情感，如恐惧不安、愤怒不满、压抑或紧张、焦虑等会使人对团队变得冷漠，人与人之间也缺乏凝聚力，直接结果就是导致工作效率低下，甚至使团队陷入停滞不前的境地。

对下属实施情感化管理就是企业老板层根据下属的心理特征，消除他们的消极情感，减轻他们的精神负担，激发其积极情感，使其心情舒畅，为企业持续创造出新的价值。

美国惠普科技公司创建人比尔·休利特这样告诫老板说："关心下属，这和钱没有什么关系，用什么方式也都不重要，重要的是让下属知道我们是关心他们的……"

惠普是世界一流的大公司，它之所以能够取得成功，在惠普的许多经理看来，靠的是"以人为本"的企业宗旨。惠普公司"以人为本"的宗旨主要体现为关心和重视下属、尊重下属的工作。休利特和当了四十年研制开发部主任的奥利弗，经常到惠普公司的设计现场去，和普通下属交流意见，察看下属们的工作情况，以至于两人不再任职后，公司的职员们都有一种感觉，好像休利特和奥利弗随时都会走到他们的工作台前，对他们的工作提出问题。在惠普公司，老板总是同自己的下属打成一片，他们关心下属，鼓励下属，使下属们感到自己的工作成绩得到了认可，自己受到了重视。这些无不体现了公司对下属的重视和关心，下属获得了公司的体贴与爱护，做出的成绩得到了公司的肯定，他们的工作也就更加努力。

从惠普的例子，我们看出，尊重和关心下属，认可他们的工作，这种注重感情投资的人本管理，能极大地提高企业下属能动性，提高企业的竞争力，促进企业的长足发展，对企业来说具有重要的应用价值。

如果说制度管理为团队的正常运转提供了“游戏规则”的话，那么情感管理则为团队活力提供了“催化剂”，它将企业管理的关注点从下属的工作内容、工作方式和工作效果转向了下属的思想和心理，使对下属的管理行为不再是冷冰冰的命令和强制，而是贯穿着激励、信任，体现着老板对下属的人性化关怀。

任何一位企业老板要想把企业办好，都不能不注重对下属的情感投资。可能有的老板会认为，对下属的这份关切之情只要心里有就行了，没有必要假惺惺地表达出来，这种认识是错误的。老板不懂得表达，下属就体会不到你的关怀，还会误以为你冷酷无情，工作起来就没有积极性，甚至滋生离心力。

情感投资法不只是感情上的，更重要的是体现在具体的、细微的行动上。无论是在工作中，还是生活中，老板应该给下属一种“家”的亲切感和温暖感，比如多关心、关怀下属，在他们遇到挫折时，给予诚心诚意的同情与鼓励；在他们遇到困难时给予他们力所能及的帮助，特别是在他们最需要别人帮助时更是如此。

人们常说，在私营企业工作有种压抑感，但这在伟志集团丝毫感觉不到。下属在这里心情舒畅，气氛融洽，大家实实在在地体验到了“大树底下好乘凉”的美好感受。向炳伟一次偶然听说有的年轻下属爱睡懒觉，早晨起来不吃饭便上班，时间一长会精力不支，既损害身体又影响工作效率。于是他想出一个好办法：公司提供免费早餐，备有牛奶、鸡蛋等营养丰富的食品，不吃不行。这种看似硬性规定的办法实际上是一种诱导机制，让职工体味到总裁的良苦用心。遇到下属生日、婚礼这一天，向炳伟还亲自送去生日蛋糕和鲜花，实在抽不出时间就派得力助手代送。

此外，每年还会选择合适的时节，带领下属到郊外野营，或参加泼水节，或组织篝火晚会，尽情玩两天。向炳伟还决定：每年的 12 月 8 日定为“伟志孝心节”，全体伟志人放假一天，希望大家回去陪陪自己的爸爸、妈妈和家人，为他们做些事情。同时，每年安排 10 名专业技术人才和他们各自的父母到国外旅游一次。

向炳伟的“情感投入”换来了丰硕的果实。伟志集团生产的“V”领西服在中国独领风骚。

在一个团队中，老板若能让“感情投资”的新思想贯穿于团队发展的始终，那么它必将产生强大的动力，推动团队前进发展。

强化人本管理，注重感情投资，在企业内部形成尊重人、关心人、理解人、爱护人的良好氛围，让每一个人这个主体都富有热情、朝气、积极性和创造力，是国内外知名企业及企业家们的共识。人的积极性调动起来了，潜力发挥出来了，就会产生无穷的动力，创造无尽的财富。很多成功企业就是坚持“以人为本”的原则，把下属当成自己的家人，帮他做事，关心他的生活。也正是由于这种关怀，下属才会更努力地工作，企业才有了今天的成就。

古人云：得人心者得天下，管理在一定程度上就是经营人心。一个团队中最宝贵的资源和财富是人，现代企业管理中应体现尊重人、理解人、关心人、信任人的人文精神，确立人的主体地位，这是开发人潜能的最重要因素。老板要用情感这根红线，充分贯彻“以人为本”原则，调动下属的积极性、主动性、创造性，紧紧地把下属与管理连接起来，实现组织目标的管理过程，最终使企业变成一个荣辱与共，相互依存，同心协力的团队。

现代西方管理学强调：一个成功的老板，20%靠的是专业知识和工作能力，80%靠的是他们良好的人际关系和处世技巧。由此足见情感因素在现代管理中的重要地位。

3. 高处不胜寒，放下高高在上的官架子

作为一个团队或企业的领导者，很容易产生高高在上的感觉，通俗说就是“摆架子”。这是老板的大忌，也是老板最常犯的毛病之一。有一些老板总把自己摆在“高人一等”的位置上，耍派头、逞威风，结果一副盛气凌人的样子，令下属怨声载道，这是最差劲的管理——不但把自己的人品降了一格，同时也会使老板与员工之间永远隔着一条无法逾越的“天河”。与此相反，有些老板平易近人，和员工打成一片，创造出和

谐友好的氛围，从而赢得他人由衷的尊敬，形成上下一条心、工作有声有色的局面。很显然，老板平易近人是应该倡导的。

CA 公司创始人王嘉廉，虽身为董事长，但却一点也没有老板的架子。相反，他平易近人，与下属在一起时常常不忘与对方幽默或自嘲一番，有时下属笑得前仰后合。尤其在开会的时候，作为董事长的王嘉廉总是把气氛搞得红火热烈，与会人员畅所欲言，各抒己见，连董事长的讲话也常被打断。开会的人坐态各异，甚至有人在大吃大喝。王嘉廉本人也有许多幽默的小动作，比如他一会儿猛拍桌子叫好，一会儿唱歌，一会儿把卫生纸揉捏成团，像投篮球似的将纸团丢进纸篓中。他说："用这种轻松的方式来谈论生硬的电脑主题，会刺激人的思维活力。"王嘉廉对下属很少用反面的评语，倒是正面评语很多，很简短，很风趣。比方说："你做对了，孩子""这是个很棒的点子""妙，太妙了""你真聪明""你怎么跟我想到一块儿了"。

王嘉廉的乐观开朗与他的幽默风趣相得益彰。1990 年 4 月，CA 第一次世界性销售人员大会在达拉斯举行，王嘉廉与罗斯（创业伙伴）坐在主桌上，大会奏着 CA 的主题曲，这是一个感人的场面。大会开幕之际，有人介绍王嘉廉，他站了起来，每个人也都跟着站起来，只见王嘉廉用双臂抱着罗斯说："嘿！小鬼，我们办到了！"在场的人目瞪口呆，想不到心目中想象的大老板原来是这般风趣和活跃。

从上面这个事例中可以看出，老板放下架子，看似少了些威严，实则提升了自己的人品和威信。如果老板可以将这样的交往与管理活动巧妙地糅合在一起，人们便会乐于接受你的老板，并且乐于与你交朋友。这样，你的“权力范围”就会变成良好的“关系范围”，这才是一种最佳状态。

据一些报道反映，西方国家的一些大公司取消了经理、董事和其他高级管理人员的什么专用洗手间、专用餐厅，他们在工厂与工人们交谈、争论，有时也跪在地上和工人们一道摆弄有故障的机器。日本的企业更甚，公司经理、董事长在工作时间同工人穿一样的工作服，一起干活。下班之后一起到酒吧喝酒聊天，到舞厅娱乐……总之他们都取消了自己的特权，放下了高高在上的指挥者的架子，破除了他们身上保留的“神秘”和“神”的幻象，以平等的身份，以“人”的形象走入“人间”，走向下属，与下属们亲密相处。从而激发了下属们的工作热情，打消他们长期对下压式的老板的逆反心理，有了归属感、安全感、认同感，以轻松的心情投入工作，发挥出最大的积极性和创造力。

其实，对于地位比较高的人，一般人都会敬而远之，如果你再摆架子，就会把别人从你身边赶走。这样一来，由于你被自己的行为孤立起来，你会发现工作难以开展，事业受挫，同时你会发现你的生活也不快乐，因为你已经没有什么朋友了。所以说，老板要主动放下架子，与员工打成一片，建立朋友式的伙伴关系。

有着“全球第一 CEO”之称的杰克·韦尔奇先生，在执掌美国通用电气公司（GE）的近 20 年时间里创造了大量的商业典故，一直引领着全球商业和企业管理领域的发展。他是

20世纪最伟大、最成功的企业家，同时也是一位善于放下“官架子”的老板，他经常与下属们“混”在一起，并乐在其中。他从一名技术员升到董事长，几乎在公司的任何一个部门都呆过，但总能和下属保持非常融洽的关系。

有一次，杰克·韦尔奇在家里举办一个小型派对，不但邀请公司的高层领导，还有几名基层的下属也一起参加。为了带动派对气氛，他还让妻子准备卡拉OK，要每个参加聚会的人都献上一首歌曲，很快大家沉浸在香槟与音乐的欢乐之中。

正当大家玩得非常高兴的时候，几名基层下属提出要先回公司，韦尔奇感到很纳闷。原来，公司正在准备一批产品，按照正常工作时间根本无法完成，即使加班也未必能够按时交货。工人怕耽误交货的时间，只好利用周末的时间加班。

做事一向果断的韦尔奇，第二天立即召开会议，研究产品的生产计划安排。经过研究才发现，实际上确如下属所说，不可能在这么短时间内就将产品生产出来。他决定重新制订生产计划，并要求考虑工人的实际情况尽快提出一个解决方案。此外，他还特地去感谢几名基层下属的合理建议。

一次小小的聚会却让韦尔奇意外地发现问题，由此可知，公司的老板与下属广泛接触，近距离地了解他们的所思所想，是多么重要。所以，老板在与下属相处的过程中，要平易近人，放下官架子，尽早消除由于上下级关系所带来的紧张和不安，这样，才能听到下属真实的意见和建议，从而使工作氛围更加融洽、和谐、自然。

事实上，在一个真正高明的老板身上，你看不出半点老板的架子，也不会发现哪个下属在他面前畏首畏尾、缩手缩脚地工作。而他也愿意和下属平等地往来，他们从不会把自己置于与众不同的地位，甚至他的下属可以很随便地对他说："喂，老板，你的新发型一点都不好看。"他也不会因此而不高兴，他还会开玩笑地说："是吗？那我得让理发店的老板请我吃饭作为补偿了。"因此，作为老板，首先应有的素质要求就是不要唯我独尊，不要摆老板的架子，平易近人才能获得别人的支持与追随，才能成为名副其实的老板。否则，上下离心离德，即使其他方面的品质再优秀，也很难获得众人的支持与追随。

团队的和谐是工作得以顺利开展的基础。老板要切实做到放下"官架子"，就要不以权压人，走出办公室，把自己置身于下属中；要做下属的知心朋友，从内心深处，视下属高于自己，要时刻把下属装在心窝里。俗话说：只有送不到的暖，没有焐不热的心；只有想不到的事，没有讲不清的理。只要老板对下属付出真爱，下属就会把你当作避风的港湾，他们的心自然就会在你那里靠岸，你也就赢得了他们的信赖。这样，老板与下属之间的距离就近了，关系就顺了，你的工作也就容易展开了。

作为一名老板，首先要摆正自己的位置，树立平等思想，无论是在工作上，还是生活中，都不能把职位高低与人格贵贱画等号，要敢于放下"官"架子，脱掉"官"帽子，多体察员工的心意，多尊重员工，始终与员工打成一片，融为一体；要主动加强沟通，经常深入基层，深入员工，主动倾听意见，了解工作真实的情况，真正关心员工、爱护员工、理解员工，做员工的知心人、贴心人。只有这样，对于员工来说才会具有强大的感染力、感召力和影响力。这是企业成功的关键所在。

4. 尊重下属，征服了心就能控制住身

贝尔实验室之所以声名远扬，硕果累累，是因为贝尔实验室十分注重人们的创新精神。在短短的几十年中，这里创造出了许多变革电信世界的发明，先后有 11 位科学家在这里获得了诺贝尔奖，还有 9 位科学家获得过美国国家科学奖，7 位科学家获得国家技术奖章，有 12 人获得日本计算机与通信奖。

不容置疑，这里成了科学领域的权威。所有这些卓越成绩的取得，都离不开科学家的创新精神。许多人都会不解地问：“这种创新精神的原动力是什么呢？”

答案很简单：尊重。

在贝尔实验室，首先有宽松的研究环境，有助于科学家工作。由于这里科研经费充足，实验室并不要求科学家们的研究成果立即投放市场，以实现它们的价值。其总裁阿伦·内卓瓦利博士认为，成功应该是多样的，市场的成功可以称为成功，而对于一些有价值的研究，即使未能形成产品，也是非常了不起的成功。

其次，贝尔实验室还十分重视个人的兴趣。阿伦博士说：“在贝尔实验室，个人的特长、兴趣与研究方向都得到了鼓励与尊重，科学家不会被强迫做某一项工作，他们可以自行选择有研究价值的课题。”

再次，贝尔实验室“散而不乱”，这里的科学家十分注重团队精神。

阿伦博士说："当你不能给予每一位科学家以充分的尊重时，他们必然不能回报实验室以积极的热情。"创新是一项团队活动，必须要讲究团队协作。

阿伦博士同时指出，贝尔实验室是永远也不会变的，尊重科学家与尊重科学同样重要。

在人的管理中，尊重，是回报率最高的一项投资，通过人性化的管理最终达到自我实现、团队合作、共谋发展的目标。哈佛商学院教授罗莎贝斯·莫斯·坎特提出一个观点——管理从尊重开始。他认为，尊重员工是人性化管理的必然要求，只有员工的情感、身份得到了尊重，他们才会真正毫无保留地付出自我，才会有责任，有担当，积极完成团队交办的任务；才会主动与老板沟通，贡献智力。

许多大企业都将"尊重员工"列为企业核心的价值观之首，国际著名的公司蓝色巨人 IBM 总裁沃森制定了著名的"三大准则"，第一准则便是"必须尊重下属"，IBM 公司的几万名下属，都能得到总裁沃森的尊重。

沃森常说："我十分讨厌对下属的不尊重，公司最重要的资产不是金钱或其他东西，而是由每一位下属组成的人力资源。"世界零售业巨头沃尔玛公司所倡导的企业文化，第一条也是"尊重个人，以下属利益为重"。

团队中，被尊重是每一个人的心理需要。心理需求与物质需求并不矛盾，即使在物质上不是特别富有，但心理需求绝不能少。因此，老板要满足每位下属希望被尊重的需求，并承认每位下属的成就，使每个人的价值得到认可。

大量研究表明，在一个人的职业生涯中，受到尊重的程度越高，他所承受压力的能力就越强，在工作中越容易保持积极的心态。相反，如果这一心理需求得不到满足，受到周围人的鄙视，遭到老板的否定或训斥，就容易产生沮丧心理和倦怠情绪。

早在20世纪30年代，芝加哥西部的一家电器公司就得出结论：员工不单是靠工资来调动积极性的经济人，而且是有获得别人尊重、友谊需要的社会人。这就表明要管理好下属，首先必须充分给予其尊重。美国著名的管理学家托马斯·彼得斯也曾大声疾呼：你怎么能一边歧视和贬低下属，一边又期待他们去关心质量和不断提高产品品质！作为老板应学会尊重下属，尤其是与普通下属经常在一起工作的基层老板，更要善于尊重下属，充分发挥下属的积极性，这是能否搞好工作的一个关键。

一家钢铁公司，出现了员工蓄意怠工的问题。为此，老板心急如焚，他又给下属加薪，又给下属授权，可没有产生丝毫激励效果。情急之下，他请来一位管理专家，让对方帮忙解决这个棘手的问题。这位专家来到公司后，不到一小时就找到了问题的根源。

当时，老板说道："好吧！让我们在厂里转一圈，你就会知道这些肮脏的懒种们出了什么毛病！"听了这话，专家立刻就知道毛病出在哪儿了。

他开出的"药方"很简单："你们所需要的就是把每个男下属当作绅士一样对待，把每个女下属当作女士一样对待。这样做了，你的问题不消一月就会解决。"

工厂老板对专家的建议半信半疑，甚至不以为然。专家说："诚恳地试上一星期吧。如果不见效果或不能使情况好转，你可以不付给我什么。”工厂老板点点头同意了。

半个月后，该专家收到一张条，上面写着：“万分感谢，詹姆斯先生。你会认不出这个地方了，这儿有了奋发向上的激情，有了和睦共处的新鲜空气。”

人人都有受尊重的需要，一旦这种需要得到满足，其带来的快感将比物质上的获得更强烈。该公司老板改变作风，对下属以礼相待，让下属得到了尊重和认可，其结果必然是对工作尽职尽责。

一位企业家曾经讲过一句话：“管理控制确实需要条条框框，但第一条规定应是尊重下属，如果把第一条规定做好了，一切就好办了。”换句话说，老板要管好下属，就必须尊重下属。下属是企业发展的动力和源泉，任何企业的发展都离不开下属的辛勤工作和默默奉献。企业无人则止，因此，企业要发展，要进步必须把尊重下属放在首位。

人与人之间是需要相互尊重的，尊重下属，不是我们在委曲求全，而是我们在寻找一个能更好地完成工作任务的方法。如果我们能尊重下属，不仅工作可以顺利完成，而且还会获得下属对我们更多的尊重。

那么，如何尊重下属呢？如果你一时还不知该从何下手，不妨从以下五个方面改进：

(1) 尊重下属的人格

任何人都有被尊重的需要。下属具有独立的人格，当其工作有失误时，不当众予以训斥，而是主动承揽责任。当下属对自己有意见时，不要嫉恨，注意感化，真正在上下级之间建立一种亲密无间的同志关系，创造一种亲切、融洽、无拘无束的伙伴关系。这是老板最基本的修养和对下属的最基本的礼仪。

(2) 不要对下属颐指气使

我们有些老板使用起下属来非常随意，对下属吆五喝六。“小魏，给我打壶水来。”“李平，你把我的大衣取来，我要出门。”在日常管理工作中，有不少老板就是这样随意使唤自己的下属，他们扩大了下属的概念，把下属与保姆等同。下属心里会怎么想呢？肯定充满了不满的情绪，从而对老板有了抵触情绪，还怎么可能会把百分之百的精力投入工作中呢？

(3) 尊重下属的意见

老板对下属的意见要正确对待，瑕瑜参半时，要充分肯定其正确部分；对自己提意见时，要“闻过则喜、从谏如流”，切不可耿耿于怀，挟嫌报复。

(4) 对下属一视同仁

在管理中不要被个人感情和其他关系左右；不要在一个下属面前，把他与另一员工进行比较，也不要在分配任务和利益时有远近亲疏之分。尊重下属才能真正地了解下属。不带任何个人喜好、设身处地地为下属着想，你就是一个善解人意的老板。

(5) 真诚地为下属着想

没有一种激励比真诚地为下属着想更能从内心深处打动他们。他们可能会因为你真诚的关怀而更加努力地工作，更加主动改正自己的缺点，弥补自己的不足，提升自己的业绩。正如同加州塔斯公司的执行总裁罗伯特·鲍尔博士所说：“要真正地与下属为善，因为你所遇到的每个下属都善于打硬仗。”

5. 记住下属的名字，是对下属的最大尊重

很多人都有这样的感受，名字被对方叫错，或忘记，不很开心，觉得自己不被重视。俗话说，人过留名，雁过留声，每个人对于自己的名字，都有种特殊的感情，希望被他人重视和记住。

同样，在下属看来，他也希望作为老板的你，能记住他。如果你总是随口说“嘿，你来一下”等，无疑拉大了与下属的心理距离，伤害了对方的感情。

因此，老板一定要记住每个下属的名字，即使有时记不住，也要在见面前，或者与对方谈话、合作前做足准备，以便到时候亲切地呼唤，这是与下属沟通的前提。

现实生活中很多老板与下属的关系是很陌生的，下属去找他一般都会主动报上姓名，几分钟后他就记不住人家的姓名了，等到下次再见时，有时竟问：“你叫什么来着？”

老板拉近与下属之间距离的第一秘诀就是记住下属的名字，因为记住下属的名字，是尊重下属的开始，也是与下属有效沟通的第一步。如果一开口就叫出下属的名字，对他们来说就产生一种被尊重感，精神上

也会受到激励。正如美国前总统罗斯福说过："交际中，最明显、最简单、最重要、最能得到好感的方法，就是记住人家的名字。"管理学家帕金森曾说过："称呼人家的名字，尽管你们平常几乎没有接触，也会产生振奋的作用。

一次，一家知名电器公司的董事长请代理商和经销商吃饭，为了融洽气氛，董事长私下让秘书按照每位来宾的座位把他们的名字依次记下。这样，当董事长在饭桌上与每位老板交谈时，就能随口叫出他们的名字。结果，每个人都惊讶不已，深为感动，感觉公司很重视与他们的合作，自然也就更愿意为公司出力。

记住下属的名字，不仅传递了老板对下属的尊重，满足了下属的心理需求，拉近了与下属之间的距离，产生其他礼节所达不到的效果，也体现了老板的知识、涵养和魅力所在。

在某公司的下属年会上，上任不到半年的总经理举着盛满红酒的玻璃杯，走到下属的餐桌前和大家干杯。大家看见总经理站在面前，就都不约而同准备起身站起来，以示尊重。然而这位总经理大声说道：

"尊敬的下属们，现在我提议，我站着，大家坐着，当我叫出谁的名字的时候，就请谁站起来，和我碰一下杯。至于酒嘛，就请随意地喝一口，互相不要勉强，好吗？"

大家异口同声地"好"了一声后，都眨巴着疑惑的眼睛看总经理——他难道真能叫出每一位下属的名字？要知道，参加年会的下属有360位。这时，只见总经理举着酒杯，走到一位下属面前，先是非常准确地叫出这位下属的名字，接着再报出其工号，并和这位下属轻轻地碰一下杯，道一声“辛苦了，公司不能没有您，谢谢您”，抿上一口红酒，紧紧地和这位下属拥抱一下。如果是女士，则紧紧地握一下手，完毕了做一个“请坐”的绅士手势，然后再走至下一位下属面前。

当他准确无误地叫出最后一位下属名字的时候，全体下属都不约而同地站了起来，使劲地鼓着掌。在经久不息的掌声中，360位下属充满敬意的目光一齐投向这位总经理。而总经理呢，似乎也被这一场面感动了，高扬着双手挥动着，以表示最诚挚的谢意。

会后有人问总经理：“你的记性怎么会这么好？竟能记住全公司每一位下属的名字？”他微笑着回答：“我是公司的总经理，每天要到各个车间里实施走动管理。我要求自己每天必须记住3位下属的容貌和他的名字及工号。这样做不仅是对下属的一种尊重，也是和下属心灵的一种通融，因为我有这方面的体会。我以前也是一名普通下属，作为一名普通下属，自己总是很想在总经理心目中占有一席之地，让领导感知到我的工作价值就和我的名字一样，是独一无二的，也是难以替代的。而作为公司总经理，应该具备这样的记忆力，能牢牢地记住每一位下属的名字以及他的工号，而且能随时随地很快地叫出每一位下属的名字和他的工号，这也许要比记那些MBA教材里的名词术语管用得多。”

善于记住别人的姓名是一种礼貌，也是一种感情投资，在企业管理中会起到意想不到的效果。美国一位学者曾经说过：“一种既简单但又最重要的获得好感的方法，就是牢记别人的姓名，并且在下一次见面时喊出他的姓名。”名字作为每个人特有的标识，是非常重要的。对一个人来说，自己的名字是世界上听起来最亲切和最重要的声音。叫出别人的名字，是获得友谊、达成交易、得到新的合作伙伴的通行证。同理，老板尝试记住下属的名字，不仅是对他们的尊重和表示你对他们的重视，同时也让下属对你产生更好的印象。

记住下属的姓名，并不是一件轻而易举的事，需要下一点工夫，还得有一套方法，一般能记住大量名字的方法，主要有如下几点：

(1) 记住名字的技巧

如果你无法记住对方的名字，可将其与个人特征联系起来，这样可使你所记忆的东西更形象化，在头脑中留下更深的印象。人在许多方面都有独自的特征：外形的特征，如眼睛特别大，胡子特别多，前额很突出，等等；职业的特征，如最擅长某一技术，在某一技术、学识上有受人称道的雅号，等等；名字上的特征，有的名字故意用些生僻的字，或者很少用来作名字的字，有的名字与某几个人的名字完全相同，这本来是没有特征的，但可以把“同名共姓”作为一个特征，再把他们区别开来，就不容易忘记。

(2) 用本子记下每个人的名字

如果下属的名字比较难记，你可以说："我记忆力差，请让我记下来。"下属不会不快，因为你是真心实意想记住他的名字。为了防止以后翻到名字也回忆不起来，除了记下名字以外，还要把基本情况如部门、性别、年龄等记下来。这个小本本要经常翻一翻，一边翻一边回忆那一次会见此人的情景，这样，三年五载以后再碰到此人，你也可以叫出对方的名字来。

(3) 与下属多沟通、多接触

有不少的老板，一有时间就深入基层，同下属一起干活，或者一起玩乐，或促膝谈心，或共商良策。这样的老板，不但能叫出下属的名字，连下属在想什么都猜得出来。

6. 笑脸迎人，微笑能给员工带来无限温暖

一位老板创业多年，未取得什么重大发展，整天闷闷不乐。为此，他去拜谒一位禅师，想请禅师帮助自己的心灵解锁。他问："禅师您好，我想问一下，我兢兢业业，吃苦耐劳，用最好的人才，聘请最优秀的CEO，拿出收入的一半用来给下属发工资，为什么我的事业还是做不大呢？"听了老板的话，禅师也学着老板的腔调，眉头紧锁，一脸木然地把问题的皮球推给老板："是啊，为什么呢？"

老板一脸痛苦状，哭笑不得地说：“禅师，都这时候了，你就别再捉弄我了。”禅师两眼圆睁，一脸铁青，表情像僵滞的油彩一样说：“我捉弄你了吗？”

随后，禅师爽朗大笑，然后从背后的书架上取出一面铜镜递给老板说：“我不是在捉弄你，我是在学你啊！”老板对镜一照，旋即捶胸顿足，原来禅师刚才的表情，和自己现在的表情一模一样。禅师开示道：“心头压着冰川的人，脸上始终敷着冰，任何人都会拒你于千里之外；然而，心里装着炉火的人，所有的块垒扔进来，也都会冶炼成明晃晃的真金!”

老板恍然大悟，回到公司以后，立即给自己的团队定了这样一条企业管理格言:“一个优秀的人，他的脸上始终在用微笑冶炼着金子!”

微笑的力量是巨大的。微笑是一种修养，一种气质，一种风度，一种力量，更是一种职业操守，是通往成功的捷径。一抹真诚的微笑不仅亲切、感人，还是自信的表现，给人带来温暖。卡内基说：“笑容能照亮所有看到它的人，像穿过乌云的太阳，带给人们温暖。”可以说，微笑是世界上最美的行为语言，虽然无声，但最打动人。

阿尔米公司是美国钢铁公司和国民制酒公司的一家子公司，是一家生产钛产品的联合企业。几年前它的经营成绩低于一般水平，生产效率和利润都很低。但最近5年来，阿尔米公司却获得了引人瞩目的成功，究其原因是因为采取了一项积极注重人的生产效率的计划。

“大块头”吉姆·丹尼尔出任总经理的时候实施了这项计划。吉姆·丹尼尔原先是一名职业橄榄球员，当过克利夫兰的

“布朗队”队长。《华尔街日报》把这项计划形容为“一个由感人肺腑的口号、相互交流和满脸堆笑组成的大拼盘”。丹尼尔的工厂里到处贴着标语，上面写着，“倘若你看到有谁脸无笑容，那就请对他报以微笑吧”“要是下属们不喜欢，那将一事无成”。

阿尔米公司的标志就是一张笑脸，信笺上、厂门口、厂徽、工人的安全帽上，这张笑脸无处不在。“大块头”吉姆·丹尼尔花费大量时间用于骑车巡视工厂，他和工人们打招呼，开玩笑，倾听他们的意见，彼此称兄道弟。此外，他对工会方面也十分关心。当地的工会主席不无敬意地说：“他让我们出席各种会议，让我们了解工作的进展，这在别的行业从来没有过。”

这样做的结果是，几乎未加任何投资，生产率提高将近80%。

微笑表达的是认同、肯定、赞许，是理解、宽容、关爱。从这个意义上说，老板会不会微笑，直接影响企业内部的人际关系、工作氛围和办事效率。

张少华是某图书出版公司的老板，别看他年纪轻轻，但却几乎具备了成功男人应该具备的所有优点。他有明确的人生目标，他的嗓音深沉圆润，讲话切中要害；有不断克服困难的信心；他走路大步流星，工作雷厉风行，办事干脆利索；他总是显得雄心勃勃，富于朝气。他对于生活的认真与投入是有口皆碑的，而且，他对下属也很真诚，讲求公平对待，与他深交的人都为拥有这样一个好朋友而自豪。但初次见到他的人却对他少有好感。这令熟知他的人大为吃惊。为什么呢？仔细观察后才发现，原来他的脸上几乎没有笑容。

平日里，张少华目不斜视、嘴唇紧闭、眉头紧蹙，即便在轻松的社交场合也是如此。他舞技高超，但却很少有人同他跳舞。公司的女下属见了他更是如同山羊见了虎豹，男下属对他的支持与认同也不是很多。而事实上他只是缺少了一样东西——微笑。

微笑是一种美好情感的表达，给人以温暖和亲切。整天板着一张面孔的人是没有人喜欢的。如果你想做一个受欢迎的老板，就不要忘记微笑。

美国行为生物学家卡多索研究发现，“社会统治者，从老板到部落酋长，都使用笑来控制他们的部下。笑可能是一种通过控制群体感情氛围来表达权力的方式”。的确，微笑是建立良好人际关系、调节各种矛盾的润滑剂。在团队管理中，老板的微笑如同阳光，能给下属带来温暖，使他们对老板产生宽厚、谦和、平易近人的良好印象，同时还能缩短彼此之间的距离，产生心理上的兼容性。

笑虽然不能直接用于生产，产生经济效益，然而它却是提高生产力的一种催化剂。从老板角度看，企业实施微笑管理，可以表现老板的宏大气度，出现矛盾时，微笑可以使双方恢复理智，化干戈为玉帛；微笑管理也是赞扬和鼓励下属的重要方式，当下属创造出良好业绩时，老板的微笑代表了肯定和赞许，下属能从微笑中受到鼓舞，获得力量，并焕发出更高的工作热情。从下属角度看，当老板适时运用微笑管理时，能够间接消除下属的紧张和对抗情绪，并保持一种轻松的心情进行工作，办起事来也会干劲十足，效率极高。

总之，作为企业老板，可别吝啬了你的微笑，因为它不但能给别人带来好心情，也能让你自己的心情开朗起来，还能为企业营造出宽松、和谐、健康的企业文化氛围。既然如此，何乐不为呢？

7. 注意细节，感人心者莫先乎情

小事见真情，人与人之间往往都是因为某件小事而结缘，进而心心相印，不离不弃，因为有小事而心生感恩之情，愿意为对方做出牺牲的比比皆是。推而广之，在一团队中如果老板能关注下属的小事，则能让下属对团队产生深厚的感情。

老板善于用小行动赢得下属的心，下属就会无怨无悔地为企业奉献自己的全部力量。

老板对下属小事情的关注可体现在很多方面，可以是工作方面的，也可以是生活方面的。而在一些细节问题上对下属的关心，更能体现出对下属的关心程度，也更能感动下属，这就是“以小胜大”。

有很多企业培养下属对公司情感的方式，常常是通过一些关注生活小事来实现的，下面这个公司就曾用一系列小事逐步赢得了下属的心。

浙江的一家民营企业，75%的员工来自外地。为了给员工一个“家”的感觉，老板自2005年起就制定了这样一条规定：“正确对待员工素质，真情贯穿教育过程，硬件配套保障需求，爱心凝聚形成合力。”

老板认为，外来员工更渴望得到企业的关爱，因为这些人背井离乡，到一个陌生的城市有很多不便之处，再加上部分人家境条件较差，往往有一种自卑感，且不愿意、不善于主动对人倾诉。因此，企业一直对这些外来员工的教育和管理十分重视，可谓做到了无微不至。

首先是在生活环境上的改善，在该公司所有的职工宿舍都有独立的卫生洗漱间，有空调、热水器、网络、电视。夫妻同在一起的，还能住上夫妻套房，子女可以免费上学。为了方便员工的生活和丰富他们的文体活动，企业内部还开设了员工超市、员工小吃、免费洗衣、假期幼儿园，配套了网吧、篮球场、台球室、影视厅等文体活动设施和场所。

其次，在员工的满意度和忠诚度上也做得非常不错，如该公司一个来自陕西的小伙子，30多岁，来公司已有5年，在这5年时间里不仅收获了自己的事业，还在公司领导的帮忙撮合下，完成了自己的终身大事。说起这场婚礼，小伙子满脸洋溢着幸福：“连结婚的婚房，家里的家电、床上用品都是单位给我安置的。”

作为一个企业来说，员工利益无小事，从一些小事着手，对下属进行关怀，更富有人情味，更能打动人心。关心下属是从一件件小事中体现出来的。企业的老板要多关爱下属，为他们营造一个温暖的环境，从细致关爱下属入手，注重细节才能做好团队管理工作。

保罗·盖蒂是西方首屈一指的石油大亨，他把大部分的时间花在油田里，和雇员一起工作。有一次发生的偶然事件，让盖蒂认识到，和下属建立良好的关系十分重要。

有一天，盖蒂在油井工地上注意到一个名叫汉克的搬运工动作懒散，就骂对方："你在干什么？振作起来，笨蛋！"骂完之后，他还咆哮一声。

"好的，老板。"汉克平静地回答道，不过，他还是奇怪地看了盖蒂一眼。

这让盖蒂莫名其妙。

后来，盖蒂了解到汉克有手伤，本来可以回去接受治疗，但他因为不愿让工友和老板失望，于是留了下来。

盖蒂走到汉克身旁，说："抱歉，我刚才不应该发火。我开车送你进城去找个医生看看你的伤手。"听到老板这句话，汉克和他的伙伴久久地瞪着盖蒂，然后笑了。

从表面上看，这是一件微不足道的小事，可是却反映了一个深刻的道理：在下属需要关心的时候，适时的一句问候，胜过千言万语。下属能否全身心地投入工作之中，是老板事业成功的关键之一。老板抓住了下属的心，也就把握住了公司的效益。

对下属的关爱，要注重细节。优秀的老板十分尊重和关爱下属，他们视下属如亲人，懂得怎样去珍惜和爱护与自己朝夕相处、共同拼搏的"战友"。具有这样特征的老板往往会让下属有一种"如家"的感觉，无形中也让大家更积极、更主动、更无怨无悔地付出。

有一家电子公司，职员大部分都是单身汉或家在外地，就是这些人凭满腔热情和辛勤的努力把公司经营得红红火火。公司老板很高兴也很满意，他注意到下属们没有条件在家吃饭，就自办了一个小食堂。

当下属在公司小食堂吃着美味的饭菜时，能不意识到这是老板为他们着想吗？能不感激老板的爱护和关心吗？

在生活中的细节上，给予下属无微不至的关爱，往往能够以小的投入收到极好的效果，从而激发下属积极性。老板只有在工作、生活的各个细节上对下属施以无微不至的关爱，使下属们生活工作在一个温馨环境之中，下属才能以健康的体魄、愉快的心情做好工作，亲情管理也就达到了目的。

总之，管理就是关爱。企业如果能时时处处为下属着想，从一些生活中的细小事情出发，给予下属无微不至的关爱，就能够激发下属积极工作、献身企业的热情。

8. 怀有一颗感恩心，对下属心存感激

感恩，是中华民族的传统美德。心怀感恩，知恩报恩，是做人的基本准则，古人说："滴水之恩，当涌泉相报。"每个人都应该有感恩之心。对于老板来说，对下属怀有一颗感恩的心，不仅是做人的需要，更是团队的需要。

现在，许多企业都在提倡感恩文化，这不仅仅是要求基层员工感恩企业，感恩老板，还包括企业要懂得感恩员工，老板要学会感恩下属。

的确，仔细想想，感恩这种情感必须是双向的。一个企业、团队能够从小到大、从弱到强，与每位员工的努力是分不开的。如果没有更多人的参与，再好、再大的团队要持续发展都属于空谈。

老板是企业的旗帜，团队的代言，一举一动代表着企业的利益和立场，所以老板要有感恩之心，善于对下属表达感恩之情。

> 蒙牛集团十分懂得对员工表达感恩，如 2003 年 11 月 23 日举办的感恩节活动。
>
> 当时蒙牛公司董事长兼总裁牛根生发表这样的讲话："经营人心是蒙牛的终极目标，而感恩之心是蒙牛文化的灵魂。蒙牛举办感恩节的目的是，关注下属的健康，提高生活的质量；营造心灵之间的感动，实现蒙牛人的伟大使命。"
>
> 蒙牛借感恩节之际，回报所有帮助过蒙牛的人。牛根生认为，中国人最深层的文化就是一颗真诚的感恩之心。他说，"以蒙牛事业为己任，不以蒙牛利益为己有"源自对下属的感恩；"提供绿色乳品，传播健康理念"源自对消费者的感恩；"市场在变，诚信永远不变"源自对客户的感恩；"财散人聚，财聚人散"源自对股东的感恩；"关注环保，回报社会"源自对社会的感恩；"98%的品牌是文化，98%的矛盾是误会"源自对蒙牛事业整个价值链条之间的相互感恩。

可见，很多企业把感恩当作一种企业文化发扬光大，让每一个员工真正感受得到。就像蒙牛一样，如果每个企业都重视感恩，就像牛根生一样，都能以一颗感恩之心善待下属，这个企业，这个团队还怕没有发展前景？要知道员工的力量是巨大的，智慧是无穷的，一旦被激发出来将会创造伟大的成就。

因此，一个团队能否感恩于下属，将是决定其能否发展壮大的重要因素。作为老板应该时刻心怀感恩，始终把下属放在心中最高的位置，将他们敬奉为“上帝”，像朋友那样善待他们，像热爱亲人那样情系他们。

> 日本松下电器公司之所以能长盛不衰，就在于其“感恩文化”为公司提供源源不竭的精神动力。松下幸之助非常推崇“感恩文化”。他认为，一个懂得感恩的人，做事才会有目标，才会充满信心和活力，企业才会有意想不到的效率。
>
> 据说松下先生每天都会给下属倒茶，但他并不认为这有失尊严，他认为企业所有的成果都是由下属努力奋斗出来的，所以他尊重下属，对下属感恩。正是由于松下幸之助非常懂得感恩，他的企业才会拥有无数敬业乐业、拼搏进取的好下属，因为谁都愿意为这样好的老板效劳。

任何老板取得事业上的成功都非靠一己之力，一个人能力再强离开了别人的支持，只能是小打小闹，要想成就一番事业需要很多人的辅助和配合，离不开团队或组织的培养和关心。没有团队或组织提供的锻炼平台，没有成长的机遇，老板无非就是个空壳。那么，该如何表达自己的感恩之情呢？具体可以从以下四个方面践行感恩，凝聚人心。

(1) 对团队感恩，树立团队的感恩文化

文化是一个团队的核心、精髓，是团队存在与发展过程中形成的价值观、认识观的体现。没有团队或组织的文化培养、文化熏陶，就很难形成人人感恩的局面。

因此，老板首先要在团队中树立感恩文化，用文化指导行为，让感恩文化在每个人心中扎根。

(2) 付诸实际行动，互帮互助

感恩不是一句口号，更不是一个装饰自己、标榜自己的工具，而是实实在在的行动。当你对下属怀有感恩之心时就要表达出来，让他们实实在在感受得到。

否则，你的感恩也就是一句空话，如可以为员工提供好的发展机会，更高的发展平台；在日程生活中相互帮助、相互支持；多沟通、少猜疑，多协调、少指责。当你怀着感恩之心对待同事时，工作的心情、态度和效果会大不一样，工作氛围会更融洽，团结协作会更顺畅，个人的成长进步就有更坚实的基础。

(3) 不要忽视基层下属

这要求老板正确对待每位下属，尤其是基层员工，这些人虽然很少与老板接触，甚至很少有谋面的机会，但他们是具体工作的落实者，对于完成老板的工作目标任务至关重要。

因此，老板应重点对待这部分下属，以真心、真诚、真情去关心他们，帮助他们解决一些力所能及的问题。

(4) 最终要会对自己感恩

感谢他人已成常态思维，很多人因此而忽视了另一个重要理念：人也得感谢自己！一个人在社会上只要人家尊重，只要人家感激，而自己不存感激之情、感恩之心，是很难在社会上立足的。心存感激之心，是一种极其可贵的积极的生活态度，也是成功的重要因素。

如果没有自己的努力，即使他人有再多再大的帮助，也是无济于事的。感谢自己是自己给自己喝彩，感谢自己是为了给自己鼓劲。

总之，“感恩”是一种处世哲学，是一种品格，更是一种人生的境界。对于老板来说，有感恩之心才会有报恩之行，才会上对得起团队或组织，中间对得起自己，下对得起下属。作为老板，务必要学会将感恩转化为一种内在的动力，转化为一种实践的本能，从而用行为去教育下属、引导下属、带动下属，从而进一步推动企业团队的各项事务发展。

C H A P T E R 6

以理服人——让员工心悦诚服

管理者与员工之间难免会产生一些误会和矛盾。面对误会和矛盾，管理者需要以理服人，尤其是在处理关键问题时，要抓住症结，晓之以理，动之以情，让员工意识到问题比什么都重要。总之，以理服人才能让员工心悦诚服。

1. 有理走遍天下，以理服人胜于以权压人

孟子说：靠武力称霸必须要以国富民强为基础，是武力压服而非心悦诚服，而以仁道称霸，以理服人，则可以让人心悦诚服，使国力强大。治理国家如此，管理团队也如此。其重点是以理服人，做到思想教育和严格管理有机结合。

老板要在团队中树立威望，首先要做的就是让下属对你“心服”。而要做到这一点，很多人习惯用权力，用命令，只靠这些当然是不可能的，最重要的还是要靠道理，即坚持以事论理。

如下属屡屡因粗心大意影响工作正常进行的问题，该如何做？能直接罚款、批评，甚至开除吗？显然治标不治本。正确的做法是剖析问题找根源，通过充分交流让下属明白产生的根源在哪里，让其明白问题继续下去的严重性和危害性，最后对照问题找责任。

坚持以理说服，以制度说服，对下属要进行耐心的说服，坚持以正确的道理去解释和引导，让下属明白今后该怎么办。绝不能强制压服，更不能轻易为其扣上莫须有的罪名。

老板唯有以理服人，才能抓住下属的心。

> 一天，某机关一名科室负责人用命令的口吻让另一名科室的科员将接待室的门窗擦一下。这名科员想，我又不是你们科室的，凭什么对我指手画脚，就没有去做。
>
> 科长见叫不动这名科员，觉得很没面子，就和他吵了起来，从此两人结下了梁子。日后，两人总是过不去，科长不断找该科员的茬儿，而科员也经常明枪暗箭地对这位科长实行反击。
>
> 局党委书记知道事情的缘由后，将这名科长叫到自己的办公室，给他讲了一个故事。
>
> 一只鼬鼠向狮子挑战，要同它一决雌雄，狮子拒绝了。鼬鼠说："怎么，你害怕吗？"狮子说："非常害怕。如果答应你，你就可以得到曾与狮子比武的殊荣；而我呢，以后所有的动物都会耻笑我竟与鼬鼠打架。"
>
> 故事讲完，书记语重心长地说："你的能力是有目共睹的，作为科长，与普通科员计较，只会降低你的威信。对手

选对了，会促使你不断进步；选错了，也许会误导你的人生方向。”书记的一番话让科长如梦初醒，他惭愧地说：“我会牢记书记的忠告，今后决不再犯类似的错误。”

在上面的事例中，局党委书记通过说故事的形式来表明一个道理，既生动形象，又富有感染力，较好地达到了批评教育的目的。

俗话说：有理走遍天下，无理寸步难行。凡事都要讲个道理，尤其是老板在批评下属或对下属做思想工作时，若是不讲清道理，就难以服人。老板要用道理打动下属的心，让下属心服口服。“理”要说得正确、全面、深刻，还要紧密结合下属的实际工作、生活，做到用事实说话，下属在明理的基础上，认识到自己的错误。

以理服人，是最基本的管理方法，老板在对下属晓之以理的同时，还要对其动之以情。如果老板明白这一点，就能更好地把握住下属的心理。

有一个公司的老总，成功地留下了一位本已打算离职的技术骨干。当老总知道那位下属要走的时候，就亲自约他在下班后一起吃饭。饭桌上，老总先是和他谈心，问他这几年的工作感受是什么，有什么困难，等等，然后问他为什么想走。这位下属说自己在这里干了这么多年，薪水也不高，有个外企挖他，他也想让老婆孩子过得好些。

这位老总听后，就晓之以理、动之以情地告诉对方，公司在发展阶段有很多困难，可能待遇方面无法与外企竞争。公司的确需要像他这样的人才支撑，如果公司没有了他们这些人才，可能就有更多的下属要下岗、失业。但是这名下属好像去意已定。于是，老总又说："如果你真的要走，那我们也尊重你的选择。不过你的职位短期内没有人顶替，所以希望你能再继续工作三个月，把工作认真地交接一下，培养出一个能够接任你的人，这样也算是对公司的补偿。另外，如果将来你在外面工作得不痛快，还想回来，我们的大门随时向你敞开。"那位下属当时非常感动，于是决定先留下来。最后，他还是没有离开，并最终升任副总，在公司里独当一面。

可见，在与下属沟通时，如果老板能够情真意切、入情入理地劝导对方，就很容易使对方信服接受自己的建议。以理服人的最终目的是要让人明白大道理，如果可以把大道理贯穿和渗透在情感之中，转化成与具体、感性的人贴得很近的小道理娓娓道来，就更会让人感到平实可亲，听着顺耳，觉得有理。这也正如人们常说：唯其真，才能信其实；唯其实，也才能以理服人。讲出实实在在的理，入情入耳又入脑，下属就会口服心也服。

在团队管理中，批评能不能奏效，关键在于老板能否以理服人。有些老板总是忘不了自己大小是个"官"，下属一旦有错，总是居高临下，盛气凌人，好摆官架子，好拿当官的腔调，动辄训人。其实，有些下属犯了错，在你没有批评他之前，他早有自知之明了，也许还想好了弥补的措施。可面对官气十足者的训斥，反而会产生逆反心态，"就是不服气"，甚至对着干。人非草木，孰能无情？只要晓之以理、动之以情、言辞恳切，把批评融进关切之中，既指出问题，也帮助分析问题产生的原因以及任其下去可能会造成的影响，同时给予热情的勉励和殷切的期望，让下属从内心里感到你是在关心他、爱护他，是在真心实意地帮助他修正缺点、改正错误，这样才能真正达到惩前毖后、治病救人的目的。总之，一个优秀的领导，不是以威严来取得下属的信任，而是要以理服人，达到树立威信赢得队员信任的目的。一个讲道理的老板才能得到下属的支持，从而在团队中更突出个人价值，为组织做出更多的贡献。

2. 兼听则明，虚心听取他人的意见和建议

认真听取每个下属的意见，采纳每个下属的建议，兼听则明，这对老板做决策、下决定是大有裨益的。“三个臭皮匠，顶一个诸葛亮。”集思广益，广泛地听取意见，可以广纳雅言，使自己思路更广，方法更多，做出的决定更符合大多数人的利益。

> 某建筑公司工程部经理向他的一位下属说明了自己对某项工程的观点，这位下属觉得其中有许多不合理的地方，便提出了一些建议性的意见。谁知上司听了却大发雷霆：“究竟你是上司，还是我是上司，究竟是你说了算，还是我说了算。”
>
> 下属哑口无言，只好按上司所说的去做。但是事情的结果却大大出乎上司的意料，按他所说的观点设计出来的图样不符合客户的要求，遭到客户的强烈反对。上司只好要求下属重新返工进行改进，下属大为不满，冲突也就在所难免了。

试想一下，如果这位工程部经理起初认真听取下属的意见，完全可以避免冲突的发生。因此，老板需要包容不同意见，允许各种不同声音的存在，只有听取各种不同的声音，才能比较全面客观地了解和掌握各方面情况，才有利于做出理性的判断和正确的决策。

同时，听取他人的意见和建议，也能体现出一种大将的风度，虚怀若谷，可大大提高自己的威信。能不能听得进和容得下下属的直言，在很大程度上取决于老板的胸襟和气度。敢于和善于听取不同意见，甚至是反对意见的人，是一个老板成熟的重要标志。

> 三峡工程大江截流成功后，有记者问我国著名的水利工程学家潘家铮教授："在您看来三峡大坝的成功修建，最应该感谢的人是谁?"潘教授回答道：最应该感谢的是那些对三峡工程修建持反对意见的人！是他们一次次地质疑、否定，让我们对工程的可行性研究更加谨慎、更为深入，考虑的因素更加全面，方案的设计更为周密。没有他们对工程难题的种种预测，没有他们从不同角度对工程设计的不同看法，我们可能要走许多的弯路，甚至蒙受重大的损失。因此，我认为对三峡工程贡献最大的人，是那些时刻关注三峡工程修建并提出不同意见的人！这些能够提出反对意见的人是水利工程的专家学者，是国家建设的参与者见证者，他们以国家主人翁的身份对三峡工程的修建提出许多宝贵的意见，是从另一方面为三峡工程的建设做出贡献。

作为老板，即使你能力再强，智慧是有限的，对事物的认识也是片面的，只有不断地从他人的见解中吸取合理的有益的成分，来弥补自己的不足，才能减少失误，取得成绩。所以，善于倾听别人的意见是一个优秀老板必须具备的品格。只有谦虚才会被你的下属接受，你的下属才会尽心地工作，老板如果在公司中作威作福，不可一世，不听取下属的意见，不能容忍别人左右自己的意见，那么企业肯定会慢慢衰退，甚至退出商业舞台。

人们常说："兼听则明，偏信则暗。""兼听"，就是要听不同意见。所以，老板要有民主作风，善于和意见不同的人接触，正确对待不同意见，不论是对的、错的、顺耳的、逆耳的，都应该认真倾听，做到"有则改之，无则加勉"；要鼓励下属发表不同意见，并积极从自身找原因，以容人之心待人处世，及时化解矛盾、消除隔阂，以形成做工作、干事业的良好局面。

那么，领导该如何保持开放的心态、虚心倾听下属的意见和建议呢？

(1) 鼓励下属提出不同意见

作为老板要让下属经常有提意见的机会。要让下属清楚地知道，你不仅允许，而且鼓励他们提出自己的看法和批评意见。下属经常不愿意表示出与老板不同的意见，老板要明确地向下属们说明，老板欢迎不同的看法，而且会认真对待这些意见。如果老板倾听并考虑了下属的想法，下属会更加服从指挥，更加拥护决策。如果不鼓励下属思考，下属就会懒得开动脑筋，而是按照老板的吩咐低效率地去执行一项工作。在工作中，须知倾听、留意下属转达的意见是老板和下属之间沟通的最有效方法，也是获得正确行动方式的有效方法。

(2) 不要给下属泼冷水

有时候，下属的意见不一定都那么全面、正确，甚至可能是偏激、逆耳之言，老板应该具有虚怀若谷、从善如流的气度和胸怀，对下属的意见做到不求全责备，不闻过则怒，而以“有则改之，无则加勉”来自警，鼓励下属多提意见。例如，下属提出的意见不可取，你可以诚恳地说：“你的意见我很了解，但是，有些地方显然还要多加斟酌，所以目前还无法采用。但我还是很感谢你，今后如果有别的意见，希望你多多提供。”或者说：“以目前的情形，这恐怕不是适当的时机，请你再考虑一下。”如果老板的措辞这么客气的话，尽管意见不被采纳，下属心里也会觉得很舒坦。

同时也会仔细检讨自己议案中所忽略的事，然后再提出更完整的构想。像这样激励，就是下属获得成长的原动力。

(3) 对下属提出的意见表示感谢

在接受了一项意见，并按意见执行之后，一定要对提出这条意见的下属表示感谢。这样能让下属觉得自己和自己提出的意见被老板重视，进而以后会更加积极地提出宝贵的意见。

总之，作为老板，应当养成善于倾听下属意见和建议的好习惯，从中汲取营养，获取真知。只有这样，才能上下同德，齐心协力，才能真正受到下属的拥护和支持，以实现团队的宏伟目标。

3. 公平公正，评价下属要一碗水端平

有一位企业家曾说："管理就是一碗水要端平。"简单的一句话却向我们展示了一种管理的智慧：对所有的下属一视同仁。这就要求老板在管理的过程中要怀有一颗平等之心。只有这样，下属才会尊重和信任你，才会更积极地投入工作中，为公司的持续发展尽心尽力。

公平、公正是营造和谐工作环境的前提条件，也是老板赢得敬重的基本要素之一。当下属发现老板能公平对待自己，在心理上就平衡，从而心情就舒畅，工作积极性就高；反之，则会产生不公平感。老板的不公正态度，会引起下属的强烈不满，严重挫伤他们的积极性，有时还会与老板冲撞，以发泄自己的不满。因此，对于一个老板来说，能否端平一碗水，对下级一视同仁、公平合理是最为关键的。

韩雪辞职了，在做了6年的电子工作之后，离开了自己喜爱的岗位。

"我没想到21世纪的今天，居然还存在男女有别的封建、保守思想。我们老板很少关心女员工的职业发展需求，也极少给我们锻炼机会，升职加薪更是无从谈起。而对男员工则截然不同，会将有挑战性、锻炼性的机会留给他们，以便让其快速成长，成为公司的中流砥柱。那么我们工作那么

久算什么？难道就是贪图安逸吗？”韩雪气愤地说。

原来韩雪所在公司的老板，对待员工不能一碗水端平，采取男女有别的管理政策。韩雪也算是老员工了，工作兢兢业业，也取得了不错的成绩。可是每次晋升的时候，领导都会把机会给了男同事，还告诉她说：“你做得不错，我们一直看在眼里，下次一定会考虑你。现在先让他们上去试试，你可以帮帮他们。”

韩雪热爱自己的工作，她总觉得只要自己努力，有一天会得到她应该得到的。可是她越等越看不到希望，却看到了老板的“真实面目”。

从韩雪走后，很多姐妹也都陆续离开了公司。

“这是注定的结果。”韩雪说。

世间最可怕的就是不公平。管理在于以公平服人，不公平就难以服人。伤害老板形象的，莫过于私心莅事，私心断事，私心处事。平常人可以有私心，他的私心只局限在一人一身而已；老板不能有私心，有私心就失去了公心。所以在团队管理中，老板只有出于公心，一视同仁，一碗水端平，才能赢得下属的认同。

一碗水端平就是要公正地对待每个人，公平地处理每件事。唯有公道，才有威信。“民不患寡，而患不公”，老板公平与否直接关系到团队的稳定与发展。老板公平，人心就顺，就能激发热情，就能调动起积极性，就有向心力。老板不公就会败坏风气，造成人心涣散。比方说，两个人发生了纠纷，让你去处理，是实事求是公平处理，还是偏袒一方，压制另一方；评奖评级时，是按照条件公平合理，还是不顾规定条件，只凭个人好恶亲疏，任意宽严；分配工作，是量才为用，选贤任能，还是任用亲信，排斥异己；批评表扬，是合情合理，一视同仁，还是不顾事实，厚此薄彼，区别对待，等等。

对这类问题，你公平处理了，大家看得很清楚，自然信服了；你不公不平，假公济私，自以为很聪明，很得计，大家却看得明白。结果是，人们不仅对你不信服，甚至当众戳穿谜底，让你下不了台；而奸邪小人，则可能利用你的不公平，投你所好，乘你之隙，从你的不公平中捞到好处。这样，矛盾多了，问题也会越来越多，工作就难开展了。所以，公平是团队管理的一个重要问题，老板切不可等闲视之。

一家全球大型集团企业要内部招聘一个高级管理岗位，候选者为一位技术骨干和一位领导者，这二人都是经过多轮考核，淘汰了众多候选竞争者杀出来的。

现在到了最后一关，总裁亲自出马。

二人来到总裁办公室，发现总裁办公桌上有一个漂亮的大蛋糕。

总裁和蔼地对他们说："你们辛苦了，能从这么多优秀的候选者中脱颖而出，我为你们感到骄傲。这一个蛋糕是我专门来犒劳你们的，你们二人平分。不过，你们的命运，现在又掌握在自己的手里了……"

总裁笑眯眯地举起手里的蛋糕切刀："由你们自己来分蛋糕，如果你的分配方案能让对方满意，觉得非常公平，那你就可以胜任这个高级管理岗位了"。

技术骨干马上挺身而出，他让技术部门送来了所有的测量工具，当着领导者的面，用各种工具进行了测量，算出了平均数值。然后询问领导者："按这个数值切蛋糕，你觉得公平吗？"

领导者摇摇头："当然不满意，你的每一次测量，一定存在误差，这么多测量加在一起，肯定误差更大，所以这个数值肯定不会公平"。

技术骨干听了顿时火冒三丈："世界上的公平本就是相对的，没有绝对的公平，航天飞机也有失事的时候，谁能保证百分百公平正确，你这是吹毛求疵，故意刁难，那你来分蛋糕吧？"

领导者微微一笑："这很简单啊，我来切，切好后，你先挑……这样分配，你觉得公平吗？"

技术骨干听了，顿时呆住了，陷入了沉思……

总裁点点头，翘起了大拇指："公平不公平，要用'心'不用'尺'，这就是管理的真谛。"

"公生明，偏生暗"，世人皆知。公平，说到底就是对人要"平"，办事要"公"。成事在于以公平服人，不公平就难以服人。责于下者，必先禁于上。实践证明，老板能否得到下属的拥护和爱戴，很大程度上取决于工作是否能够一碗水端平。

公平在于心。老板只要具备了"公正、公平之心"，就一定能够赢取人心。《吕氏春秋》中说："阴阳之和，不长一类；甘露时雨，不私一物。"刘宝楠解释说："治天下必先公正、公平、公开，公则使老百姓高兴。公则天下太平，太平来自公。成事在公平，失事在偏私。"老板在团队管理中是否公平，直接影响员工的公平心理和工作积极性。平等地对待每一个员工，公正地处理每一件事情，是老板必须遵循的原则。所以，作为老板，对员工一定要以诚相待，决不能感情用事，对员工有亲有疏、厚此薄彼，对人对事一定要出于公心，做到公平、公正，避免“老板偏心，员工堵心”。

美国经济学家詹姆斯说：“公正是人类社会发展进步的保证和目标。公正是对人格的尊重，可以使一个人最大地释放自己的能量。不公正则是对心灵的一种践踏，是对文明的一种挑衅，是对社会的一种罪行。所以坚持公正的管理和处世原则，是每一个人都要履行的责任和义务！”公平来自公心，公正源于正气。心不公，正气则不立；正气不立，形象则毁。出以公心是公平公正的出发点和首要前提。只有时时处处出以公心，才能不讲关系，不看背景，不计恩怨，不迁就照顾，不随意变通。所以，作为一个老板，要做到办事公正，赏罚分明，即把一碗水端平，让下属心服口服。这样才能树立起自身的威信，才能更出色地管理你的团队。

4. 唯人才论，用人选人不拘一格

很多老板长期以来在人才选拔、任用问题上总是或多或少地存在一种偏见：高学历作为人才选拔的前提，资历深作为人才选拔的砝码，年龄大作为衡量人才的标尺……这些观念在很大程度上限制了人才的发展。学历、资历、年龄固然重要，但并不是衡量人才的唯一标准。所以，优秀的老板选人用人，要解放思想，唯才是举，真正做到人尽其才，才尽其用，不拘一格选人才、排除干扰用人才。

索尼公司的创始人盛田昭夫，他写过一本书，主要是总结自己多年的管理经验——《让学历见鬼去吧》。他在这本中曾讲道："我想把索尼公司所有的人事档案烧毁，以便在公司里杜绝在学历上的任何歧视。"不久之后，他就真的将这句话付诸实施了，此举使一大批人才脱颖而出。

索尼公司有这样的宗旨：信奉唯才是用，而不是唯文凭是论。尤其是对科技和管理人员的考核使用，主要是看他们的实际才能怎么样，而不是仅仅注重其学历。公司录用人员不管什么工种，无论职务高低，都要进行严格的考试。分配工作或提升职位时，主要依据是他考试成绩的好坏和在实践中所表现出来的能力。索尼公司能够做到这一点，在当今这个高度重视文凭的时代，的确是难能可贵的。

而恰恰因为索尼公司能够抛开文凭标准，坚持不拘一格地选拔人才，才使索尼公司逐步形成了一支庞大的科技和管理人员队伍。在索尼公司发展到了1.7万名雇员的时候，科技人员就达到了3500多人，占到职工总数的22%；管理人员则有1000多人，约占6%。在科技人员当中，科研人员、设计人员、制造技术人员各占1/3，从而实现了人才结构的大体平衡。在总公司设有中央研究所和技术研究所的情况下，研究人员不仅负责开发研制新的产品，还要在理论上加以探讨和研究。索尼公司全力在科学技术上进行投资，每年的研究金额占到总销售额的7%，而许多公司只占3%~5%，这也难怪索尼公司能够在新产品上遥遥领先了。

此外，索尼公司还特别重视选拔具有高度创新精神的经理。在选拔高级管理人员这个问题上，盛田昭夫有自己的独特方法。他们从不雇用仅仅胜任某一个职位的人，而是乐于启用那些有不同的经历，喜欢标新立异的闯将。有一次，索尼公司聘用了一名高级职员，完全是因为这个人刚刚出版了一本英文诗集。索尼公司也从来不把能人固定在一个岗位上干到老，而是坚持人才的合理流动，为他们能够最大限度地发挥个人的聪明才智提供机会。正是在这样的一种人才管理制度之下，索尼公司的员工都特别乐于承担富有挑战性的工作，从积极进取到奋勇争先，整个企业始终充满了生机和活力。

“让学历见鬼去吧！”索尼公司的成功实践已证明了盛田昭夫的这句话。当然了，我们说不能只凭学历取人，并非完全否认学历的重要性，盛田昭夫所强调的也是要以能任人，凭才任人，而不要局限于他的学历。

的确，学历只是证明能力的一种工具，而且也只是众多工具之一，它所包括的内容也不全面。学历既不是能力的充分条件也不是能力的必要条件，而只是一个相关条件，相关度如何对每个人来说都是不一样的。老板必须综合运用背景分析、经验判断、面试考核等多种手段来对人才的能力、品质、性情、学识等诸多方面做出全面而深刻的评价。

以色列著名企业家凯奇说过一番颇为中肯的话：“短短几年大学教育和一次高考，绝不应该由此决定一个人的终身命运，企业必须任人唯贤，平等地为每个员工创造脱颖而出的机会，即使对那些根本没有进过学校大门的员工，也要让他们平等参与竞争，而不应在观念上有厚此薄彼的看法。”在实际工作之中，老板要用正确的眼光去发现人才，并真正做到发挥人才的作用。不要被学历遮住了选拔人才的视野，应该注重员工的实践能力。

吴舜文是台湾地区企业界著名的女强人，凭一介女流的柔弱肩膀挑起了规模巨大的集团的经营，她领导的裕隆集团，包含裕隆汽车、台文纺织、裕元开发等诸多大型企业。

她在用人之道中颇有过人之处，丝毫没有女性的狭隘和虚荣。她注重部下才能，主张用人唯才。裕隆汽车中心是她的新开发项目，是集团发展的又一重大步骤，由谁来掌管这一机构成了吴舜文必须做出的重大抉择。最后她力排众议，选定了宋信。宋信是“中央大学”工学院院长，专长在于航空领域。这一点曾被企业界人士多次拿来取笑：一个造飞机的，对汽车一窍不通，怎么来造汽车呢？宋信又不善言辞，看似并不具备领导者的素质。吴舜文没有为舆论所左右，她通过多方考察，认为宋信领导有方，经验丰富，应变能力强，思维敏捷，正符合此中心负责人的条件，尽管不善辞令，但这不影响他内在才能的发挥。

吴舜文的判断是正确的。5年时间里，宋信带领部下刻苦攻关，终于生产出“裕隆飞羚101”，被称为中国人自己生产的“世界一流水准汽车”。

事实上，人非圣贤，才无全才。有所长必有所短，有所明必有所蔽。

用人才并不能局限于框框架架、勾勾画画，而应不拘一格。把品德、知识、能力和业绩作为衡量人才的主要标准，不唯学历，不唯职称，不唯资历，不唯身份。

(1) 要从多角度去评价一个人

人是一个多面体，内心世界非常复杂，而很多人往往只能看到某一个方面，不会用立体的、透视的，多方位、多角度地去判断评价一个人。企业的管理者对可疑之人的理解也是有偏颇的，到底对他们了解多少，可疑程度如何，判断是不是准确，有时候甚至连自己也没有十足的把握。因此，对于每一个员工，不要仅凭一两次下定论，没有把握的情况下就不要轻易下结论。

(2) 对一个人的判断要兼容并蓄

俗话说，当局者迷，旁观者清，企业经营者在用人前，要多听听周围人的意见。当多数人对一个人的判断一致时，评价也就会精确很多。如果大多数人和自己的判断有出入时，就要多问几个为什么。在这种情况下，不妨再观察观察，再考验考验，再下结论。

(3) 对人的看法不能一成不变

事物都在变化中，人也在不断变化。阅历短，经验少，知识有局限性，一时事情没有干好，或者犯了错误，有了过失，就要宽宏大量，允许人犯错误并给人留下改正错误的机会，不要抓住一点不放。此外，社会是一个大染缸，有的人在向好的方向发展，也有的人向坏的方面变化，不能放松警惕。

(4) 坚决破除“有学历的是人才，没有文凭自学成才的就不是人才”的观念

破除“有职称的是人才，有一技之长而没有职称的就不是人才”的观念；破除“有工作经验的是人才，没有工作经验或工作经验尚浅的就不是人才”的观念；破除“在城镇生活工作的是人才，生活工作在农村的就不是人才”的观念。随着经济社会的飞速发展，世界的政治、经济格局也日益发生变化，对人才的需求逐渐呈现出高智能、多元化趋势。因此，人才的选用标准也需要多元化，老板必须打破传统的人才观念。

5. 赏必加于有功，刑必断于有罪

古人的“国家大事，唯赏与罚，赏当其劳，无功者自退；罚当其罪，为恶者咸惧”，讲的也是赏罚公平的重要性。赏罚在军事、国事上是这样，在团队管理上同样如此。如今，在每个老板的手中也都应有这样两根棒：一根是奖励，一根是惩罚。从管理学的角度来讲，赏罚是团队管理中最主要的一个手段。

中国 RK 公司是一家专门生产日本式 Y 型劳动保护鞋的企业，由日本和中国国际信托投资公司投资合营。投产后，当年盈利 16 万美元，次年盈利 78.6 万美元，其中主要一招就是赏罚分明、科学奖惩。

RK公司员工平均年龄仅为19.7岁，90%以上的是刚走出校门的年轻人，进厂时他们思想单纯幼稚，组织性、纪律性都较差，工作作风自由散漫。为此，公司运用经济手段，根据“奖勤罚懒、奖优罚劣”的原则，对各级管理人员和生产工人进行了严格的管理。

规定了6个不准：上班不看报、不闲聊、不办私事和打私人电话、私人不会客、不串岗、不开会学习。另外对基层工人还增加了额外的规定：上班不串岗、不打瞌睡、不看书报、不穿奇装异服。不论是谁，一律不准迟到早退，凡违反规定者均按情节轻重予以处罚。

如：女工不戴工作头巾者罚款1元，把饭菜端进工作场所者罚款5—10元，随地吐痰者罚款4—7元，凡旷工者一律解雇，等等。所有的各种不同处分（包括解雇、停发奖金、延长学徒期限、大会检讨和罚款等）的决定均由班组公布，以示警戒。

对严重违反公司规章制度和破坏劳动纪律的下属，在征得工会组织的同意后，即可辞退或解雇。据事务部经理介绍，有一年，该公司一共辞退了12名合同工。严格的厂规厂纪和各级管理人员身先士卒的表率作用，使公司内形成了人人勤奋工作、个人力求上进的良好风气。

在严格劳动纪律的同时，该公司也采取奖励手段促使工人努力生产，关心公司的经济效益。RK公司的工资制度是基本工资+附加工资+浮动工资（凡完成平均先进定额的，按基本工资增加50%）奖金。奖金发放的原则是多超多奖，少超

> 少奖，上不封顶，下不保底。奖金的发放权完全交给生产班长，由班长对自己班内每个工人完成当月工作任务的实绩和遵章守纪的情况每月进行一次考核并打分。
>
> 以 100 分为标准，指标完成出色的加分，完不成或完成得不好的减分，然后按月底的总分发给奖励，管理人员（包括班长）还另有职务津贴。为了更好地发挥工人们的聪明才智，公司还开展经常性的合理化建议活动，凡是工人提出一条合理化建议不论采用与否，一律给予奖励；被采用的合理化建议，则按经济效益大小决定奖励数额，最高的达 100 美元。仅自 1983 年 7 月至 1984 年 8 月的时间里，就有 217 人次提出合理化建议 255 条，被采纳了 96 条，实施了 68 条，经济效益达数万元。

该公司采用赏罚等手段相对比较完善，有效地调动了广大员工的积极性，取得了很好的效益。作为现代企业，必须做到有赏有罚，赏罚分明，而且作为老板要深知赏罚之道。

赏罚分明是进行奖罚时最重要的原则，赏是为了激励，罚是为了警醒。赏一人，如果赏赐得当，可激励百人；罚一人，如果惩罚得当，可以儆戒百人。老板只有切实做到赏罚分明，团队的纪律才能获得有效的维护，团体中的每一个人才能尽心尽力地去工作。相反，没有做到信赏必罚，任何人都放心大胆地胡作非为，那么纪律及秩序都将会遭到破坏，整个团队就会失去战斗力。

赏罚分明是一种很有效的团队管理手段。一般来说，老板在实施赏罚时应坚持以下原则：

(1) 同步原则

奖励和惩罚虽然都是团队管理的手段，但在实施时却常常是紧密联系、不可分割的。人们常说要“赏罚严明”，这是员工激励管理的基本要求，只有做到奖罚分明才能真正起到激励作用。“善治军者，赏罚有信，赏不避小，罚不避大。”这是古代军事中的一条铁律。目的就是实现奖罚分明，因此，老板在使用手中的两个指挥棒时一定要协调同步，努力做到相互配合。

(2) 及时性原则

如今不少老板由于公司奖罚制度缺乏严谨性，高兴起来就大谈奖罚，事后说了些什么全然不记得。说者无心，可听者有意，大家是会等待的。老板在言而无信的同时，在群众中的威信也一样在降低。即使某一天他在某人的提醒下记起了，但时隔日久，激励期早过去了，奖也基本上是白奖，起不了多少作用。罚也是如此。对歪风邪气，对有碍团队的行为，要及时制止。作为老板，平时要经常注意身边的人和事，在赏罚分明的同时，还要做到赏罚及时，这对工作和事业大有益处。

(3) 原则适度

这主要指的是公平性。小功大奖，或者大罪小罚，都会使下属产生不公平感，都有损于老板的威信。因此老板应做到奖罚有度，要出以公心，一视同仁，摒弃个人恩怨和私心杂念，如韩非子所说：“诚有功，则虽疏贱必赏；诚有过，则虽近爱必诛。”

总之，作为一个领导者，应胸怀一颗公正之心，赏罚分明，才会赢得下属的爱戴和信赖，也因而激发下属的团队精神和工作积极性，促进企业持续健康地向前发展。

6. 让罚软着陆，良药也可以不苦口

奖罚作为一种有效的管理手段，对员工的激励与约束起着重要的作用。但在实际中，很多老板只会奖而不会罚，或只注重奖而忽略了罚，将罚简单化了。对于奖，公司有着完善的支付和机制，物质层面和精神层面两者相结合，认为只要做好奖励工作就可以激励下属，实现预期效果。

然而事实恰恰相反，有很多这样的例子，公司投入大量物力、财力打造巨奖，诸如宽松的工作氛围、较多的锻炼机会、上司的表扬和奖励等，用以对优秀员工的鼓励，然而被奖励后的员工反而开始“堕落”，大不如从前。这就是奖的两面性。这就像一把双刃剑，在激励的同时也在消磨意志，摧垮信念，巨额奖金诚然是好事，但引发的负面影响也很多。丰厚的奖励在一定程度上可以对人进行有效的激励，但也会令人产生自满。

奖罚是一个事物的两个方面，两者相互制约，互为促进。只有结合罚，奖才能发挥其正面的作用。惩罚的形式很多，小如批评、警告，大到降级、撤职、留用察看、开除等。然而如何罚也是非常讲究的，不仅是一门学问，还是一门艺术，是一门触动心灵的艺术。

汉夫特是加拿大渥太华一家宾馆的主人，他以“懒惰”著称，凡是能吩咐给手下干的事，他绝不亲自去做。宾馆业务虽然繁忙，他却整天悠闲自在。有一年圣诞节，他让宾馆全体员工分别评选出10名最勤快和10名最“懒惰”的员工。

汉夫特叫人把被评为最“懒惰”的10名员工叫到他的办公室。这些员工心里七上八下，心想老板大概要炒我们的鱿鱼吧，因此满脸沮丧。可是令他们没有想到的是，一进门，汉夫特就说：“恭喜各位被评为本宾馆最优秀的员工。”这10名员工感到莫名其妙。看着他们一个个目瞪口呆的表情，汉夫特招呼他们坐下，微笑着解释道：“根据我观察，你们的‘懒’突出表现在总是一次就把餐具送到餐桌上，习惯于一次就把客人的房间收拾干净，一次就把工作干完，讨厌多走半步路，讨厌做第二次。”

“因而在别人眼里你们整天闲着，在偷懒，但依我看，最优秀的员工无一例外都是‘懒汉’，因为他们连一个多余的动作都懒得去做。而勤快员工的‘勤’，大多表现在他们整天忙忙碌碌，不在乎把力气花在多余的动作上，做一件事不在乎往来多少趟，花多少时间，这样能有效率吗？”

把最“懒”员工评为公司最优秀的员工，也许你会觉得汉夫特的行为有点不可思议。现在你只要想想公司的追求就明白了，工作最根本的是创造业绩，我曾经问过许多公司的管理者：什么是他们评价员工的标准。他们都毫不犹豫地告诉我：业绩。对了，考核员工能力的，是你的业绩；也唯有你的业绩才能体现你的价值，让你“物有所值”，得到你应得的报酬。你不要看人家是一次性收拾好餐桌的，也不要看人家在工作中有偷懒行为，只要能够高效率地完成工作任务就是好员工。

赏罚之所以是管理团队的有效手段，就在于它的公正性。只奖不罚，则容易造成军心懈怠；只罚不奖，则容易引起军心不稳。奖罚失去了公平性，就会极大地损害团队的战斗力以及老板自身的威信。所以，老板使用手中这两根指挥棒时，奖罚分明，该奖的要奖，而该罚的一定要罚，绝不能因为人情而心慈手软。

7. 促进和谐，化解冲突才能做到内和外顺

一个团队只有内部关系和谐，互助互利，团结一致，才能安定稳步向前发展，但这与现实往往又是冲突的，由于每个个体的性格、背景、年龄、价值观、期望和工作风格的不同，相互之间产生冲突在所难免。当冲突发生时，就会制造一种敌意的氛围，导致士气下降、创造力下降。

有研究表明，团队产生一切问题65%都是由内部不和谐导致的，员工42%的时间都花在了内部冲突上，老板约20%的时间也都花在解决下属的冲突上。

这是一个十分可怕的数字，这并不是说领导上的无能或失败，而是说冲突对团队人际关系的破坏是非常大的，其对人力资本的消耗也是非常大的。一个强大的团队必须消除内部不和谐因素，如果有苗头则必须及时予以处理，以便形成“人和”的气氛。

所以，老板将化解下属之间的冲突和矛盾当作一个重要的工作来抓，这是稳定队伍、增强凝聚力、构建和谐的重要保证。

美国福特汽车公司在新泽西有一家分工厂，过去曾因管理混乱，差点倒闭。后来，总公司派去了一位新的领导，在他到任后的第三天，就发现了问题的症结：偌大的厂房里，一道道流水线如同一道道屏障隔断了工人们之间的直接交流；机器的轰鸣声，试车线上滚动轴发出的噪音更使人们关于工作的信息交流越发难以实现。由于工厂濒临倒闭，过去的领导一个劲地要生产任务，而将大家一同聚餐、厂外共同娱乐时间压缩到了最低线。所有这些，使得下属们彼此谈心、交往的机会微乎其微，工厂的凄凉景象很快使他们工作的热情大减，人际关系的冷漠也使下属本来很坏的心情雪上加霜。组织内出现了混乱，人们口角不断，不必要的争议也开始增多。

发现问题的症结后，这位新任的领导果断地做出了决定：以后下属的午餐费由厂里负担，希望所有的人都能留下来聚餐，共渡难关。在下属看来，工厂可能到了最后关头，需要大干一番了，所以心甘情愿地努力工作，其实这位经理的真实意图就在于给下属们一个互相沟通了解的机会，拉近彼此之间的距离，改善不良的人际关系。

在每天中午大家就餐时，经理还亲自在食堂的一角架起了烤肉架，免费为每位下属烤肉。一番辛苦没有白费，在那段日子，下属们餐桌上谈论的话题都是有关组织未来走向的问题，大家纷纷献计献策，并就工作中的问题主动拿出来讨论，寻求最佳的解决办法。

两个月后，企业业绩回转；5个月后，企业奇迹般地开始盈利了。这个企业至今还保持着这一传统，中午的午餐大家欢聚一堂，由经理亲自派送烤肉。

从这一案例中，我们可以看出，能否妥善处理好企业下属之间的矛盾是衡量一个老板基本功的重要标尺之一，也是对管理工作质量的检验。如果能妥善处理这些矛盾，就会在下属中树起威信，与下属建立起和谐融洽的关系。

实际上，老板常会遇到下属因为工作或者其他方面的问题而发生矛盾，轻者发生口角，重者会动用拳脚，甚至有的会给双方造成伤害。下属之间产生矛盾，我们做老板的，尤其是直接面对当事人应该怎么处理？找当事人来对质？结果很可能是公说公有理，婆说婆有理，问题越来越复杂。

任何事情的真相只有一个，但往往却具有两面，所以在遇到问题时，可以试着不去执着于评判谁对谁错，而是努力解决问题，将矛盾化解于无形，只要将问题解决了，就从根本上消除矛盾扩大的可能性。

因此，在化解下属之间的矛盾时，可以从以下三方面入手：

(1) 弄清楚事情的真相

很多时候，下属之间的冲突是没有预兆的，是出乎意料的。当事件发生后，如果贸然处理，很有可能产生偏差，使矛盾进一步恶化。做好的办法是，在稳定住双方情绪的前提下，通过调查了解事件的真相，与双方当事人谈心沟通，弄清楚发生冲突的来龙去脉和根源，找到问题的关键，分清是非，然后有的放矢做通双方的思想工作，化干戈为玉帛。

(2) 保持中立的态度

当下属之间产生矛盾时，老板应该平等地对待所有的人，给他们同等程度的重视，这样才不会有人觉得受到了冷落，认为你是站在了“其他人”的一边。这一点能够极大地帮助你把自己的立场清楚明了地传达给对立的双方。

(3) 向对立双方阐明你的看法

有的时候，来自于上级的命令是最能奏效的办法。老板应该和争斗的双方一起坐下来，向他们解释，他们的意见不合会给整个团队的工作带来什么样的影响，告诉他们，很多下属已经对目前的状况表示十分气愤。

另外，当冲突双方表达过自己的不满后，领导需要提出一个明确的方案，并为此做出一个行动计划。在解决时可以听听当事人、其他人的建议，然后再决定如何做确保冲突双方都能接受这个解决方法。

综上所述，协调下属之间的矛盾是老板需要掌握的管理技能之一，只有及时而有效地化解下属间的矛盾，避免或减少团队内耗，提高团队凝聚力，才能上下一条心做好一切事情，团队才能和谐发展。

8. 善于激励，用自我激励来激励下属

苏联传记文学《古丽雅的道路》中有这么一个故事：

一次，古丽雅独自去第伯聂河上划船。起初顺风顺水，她轻松自如，后来，当她调转船头时，水流硬把船往下游送去，使她无法返回。这时天已黑了，河上又没有别的船，她努力镇定下来，不断地给自己鼓励："沉着，沉着，要看到希望，第伯聂河它不如我，我一定能战胜它！"她坚定信念，逆水而上，跟汹涌的河水搏斗，终于在黑暗中安全返回码头。她把这次经历告诉好朋友后说："我们在困难面前，要学会激励自己，勇于与困难做斗争，这样才能得到锻炼，使自己成为一个意志坚强的对国家有用的人。"

可见，自我激励的作用是多么地及时，多么地有效，如果古丽雅遇到险情时，没有自我激励，心灰意冷，毫无信念，恐怕就生还无门而面对死神了。在我们每个人的潜意识里，潜藏着一种神秘而有趣的力量，那就是自我激励。自我激励是一个人事业成功的动力。

同样的道理，一个团队的管理和运营也需要不断地自我激励，因为在整个发展过程中，也许是风和日丽，也许是长途漫漫，也许是艰难险阻。但是无论怎样，作为团队的领导无论面对顺境还是逆境，首先自己不能退缩，要激励自己，激励大家。

优秀的老板需要"两把火"：一把火燃烧团队，激励别人，使整个团队保持热情；另一把火燃烧自己，让自己在任何情况下，都能激励自己，保持激情和梦想。

首先是自我激励，自我激励是卓越老板的共同特质。工作的根本动力来源于自我激励。作为团队领导，你要想激励别人，首先学会自我激励，才能去激励下属，把下属自我激励的力量调动起来。如果你自己工作都无精打采，那么整个团队也就不会有高涨的士气。如果你再经常对工作充满牢骚和抱怨，或者对上级有抵触情绪，那么这种消极情绪到了下属那里就会加倍放大。

善于自我激励的老板，他们似乎有使不完的劲，总是孜孜不倦地力求尽善尽美。这些精力旺盛的人通常不安于现状，他们会执着追问，事情为什么非得这样做而不能那样做，也会积极地去探索新的工作方法。

李·艾柯卡是一个传奇人物，在美国，他的名字家喻户晓。他曾是美国福特汽车公司的总经理，也是克莱斯勒汽车公司的总经理。作为一个强者，他的座右铭是："奋力向前。即使时运不济，也永不绝望，哪怕天崩地裂。"他1985年出版的自传，成为非小说类书籍中有史以来最畅销的书，印数高达150万册。

李·艾柯卡的一生苦乐参半，他不光有成功的欢乐，也有挫折的懊丧。1946年，21岁的艾柯卡到福特汽车公司当了一名见习工程师。但他对和机器做伴、做技术工作不感兴趣。他喜欢和人打交道，想搞经销。于是，艾柯卡靠自己的奋斗，由一名普通的推销员开始做起，终于一步一步地当上了福特公司的总经理。

没有天天都是顺风顺水的好日子，生活中总会有些磨难。1978年7月13日，对李·艾柯卡来说是不幸的一天。就在这天，他被妒火中烧的大老板亨利·福特开除了。当了8年的总经理、在福特工作已32年、一帆风顺、从来没有在别的地方工作过的李·艾柯卡，突然间失业了。昨天他还是英雄，今天却好像成了麻风病患者，人人都远远避开他，公司里的所有朋友都抛弃了他，这是他生命中受到的最大打击。“艰苦的日子一旦来临，除了做个深呼吸，咬紧牙关尽其所能外，实在也别无选择。”艾柯卡是这么激励自己的，最后也是这么做的。他没有倒下去。他接受了一个新的挑战：应聘到濒临破产的克莱斯勒汽车公司出任总经理。

在以后的5年里，面对着克莱斯勒这艘有待抢救的沉船，艾柯卡凭借着他的智慧、胆识和魄力，大刀阔斧地对企业进行了整顿、改革，并向政府求援，舌战国会议员，取得了巨额贷款，重振企业雄风。1983年8月15日，艾柯卡把面额高达8亿多美元的支票，交给银行代表手里。至此，克莱斯勒还清了所有债务。而恰恰是5年前的这一天，亨利·福特开除了他。

李·艾柯卡的事实说明作为领导不论在什么样的境遇之下，都要始终保持旺盛的斗志，激励自己不断奋进，这是保证其正视现实、恪尽职守、适应环境的一种必备领导能力。如果李·艾柯卡不是一个坚忍的人，不敢勇于接受新的挑战，在巨大的打击面前一蹶不振、偃旗息鼓，那么他永远只是一个微不足道的小人物。然而，正是因为他不断地激励自己，才成就了事业上的辉煌。

团队老板，是团队的大脑，会遇到比常人更多的困难和艰辛，且往往无法向人倾诉。很多时候，困难和痛楚只能一个人承担。而如何在遇到困难和挫折的时候，做到自我安慰和自我激励，是每个老板都需要学习的。成功和失败其实不在于摔倒多少次，而在于摔倒后是否能够多站起来一次。所以每位老板都需要学会激励自己。身处逆境时，要会左手温暖右手，自己激励自己，通过由内而外的内因去激发改变自己。

自我激励是一种精神动力，人的一切行为都是受到激励而产生的，善于自我激励的老板，通过不断地自我激励使自己永远具有前进的动力。一个优秀的老板本身就是在挫折当中诞生的，所以一定要具有那种迎接困难和挑战的想法，因为困难本身起到的最大作用，就是提升你的能力。困难越大，能力越大。当一个困难被突破了之后，你的能力自然而然就会得到一个成长。

C H A P T E R 7

以身带人——做只领头羊永远冲在最前头

常言说，做事先做人，律人先律己。管理者要想服众，就得以身作则，严格要求自己，在员工心中树立威信，做好表率。这样才能以德服人、以力御人，从而取得员工的信赖和认可。

1. 榜样作用，喊破嗓子不如做出样子

作为老板，你要想管理好下属，不仅要靠手中的权力，还要靠自身的榜样和示范作用，靠自己人格的力量。这就是古人所说的，“其身正，不令而行；其身不正，虽令不从”。老板只有从严要求自己，以身作则，率先垂范，要求别人做到的，自己首先做到，要求别人不做的，自己首先不做，这样才能使下属从心理信服，产生巨大的号召力。

张瑞敏说过：“领导要是坐下，部下就躺下了。”在一个

团队里，领导是下属的表率，下属则是老板自己的一面镜子。下属的一些行为，其实大多是老板自己做过的。甚至从一定意义上来说，团队的文化就是老板的文化。有什么样的老板，就有什么样的团队文化。比如，微软公司由于其创始人比尔·盖茨本人进取心很强，富有竞争与冒险精神，因而“勇于进取创新，敢于冒险”也成为微软公司企业文化的鲜明特点；而 IBM 公司的情况恰恰相反，其创始人托马斯·沃森几乎为每一件事都制定了严格的规则，故而 IBM 公司的企业文化特征表现为“稳健与保守”。

由此可以看出，老板的所作所为，几乎全部都是下属的效仿榜样，并且还会对团队的文化有深刻的影响。所以，如果你不希望在下属身上看到的那些言行，那么就要自己首先做到，只有老板能够率先垂范，以身作则，下属才会严格遵守。

行为有时比语言更重要。很多时候，老板的力量不是由语言，而是由行为动作体现出来的。

台湾地区第一大民营制造企业鸿海集团执行官郭台铭，从做黑白电视机配件起家，短短 5 年内征战全球各大洲，营业额从新台币 318 亿直冲到 2450 亿，被美国《商业周刊》评为“亚洲之星”中的最佳企业家。

郭台铭成功的一个秘诀就是身先士卒、以身作则，亲自带领下属去执行。他性格十万火急，随身带着小闹钟。他看不得年轻人不上进，看不得事情没效率。为赶出货，他可以三天三夜不睡觉，可以直接冲到生产线，连续6个月守在机器旁，硬是盯着磨出技术！他曾说："管理哪有什么诀窍？主管带头做，底下照着做，就是如此。"

在一个组织或团队中，老板的身体力行都将直接影响其成员的行为。在团队流传着这样一句话："别人不看你怎么说，而看你怎么做。"如果团队老板对所有的团队成员说："你们每天都要到房间来学习，快速地提升能力。"结果团队成员发现，团队的老板自己却没有参加学习，他们自然也不会照他说的去做，他们都会因为看到团队老板的夸夸其谈而夸夸其谈，最后就是整个团队既难增员，也很难做出想要的业绩。

如何才能避免这种情况呢？唯有老板以身作则地遵守制度，身先士卒地努力工作。老板的表率作用能够带动下属的工作热情和精神，这样就容易在团队中形成一种积极向上、团结进取的工作氛围。

成功的老板，在于99%的老板个人所展现的威信和魅力及1%的权力行使。而这种威信与魅力，正是来自于老板自身的行为。古语说："己欲立而立人，己欲达而达人。"这句话的意思是说，只有自己愿意去做的事，才能要求别人去做；只有自己能够做到的事，才能要求别人也做到。作为现代老板必须以身作则，用无声的语言说服下属，这样才能具有亲和力，才能形成高度的凝聚力。"老板就是榜样"是对老板最精干和生动的描述。

老板的榜样作用具有强大的感染力和影响力，是一种无声的命令，是最好的示范，对下属的行动是一种极大的激励。丹麦有句名言：好榜样就像把许多人召集到教堂去的钟声一样。绝大多数员工都是力求上进而不甘落后的。如果老板做出了榜样，下属就会有努力的方向、成功的方法和赶超的目标，从而得到激励。

因此，与其天天为下属不努力工作而发愁、发怒、伤脑筋，倒不如自己一心一意地工作，为下属做个表率；与其要求下属去为企业拼命，不如自己身先士卒，拿出你的激情。例如，你习惯在下班前把办公桌清理一下，把没干完的工作装进包里带回家，坚持当天的事当天做完。尽管你从未要求过你的下属也要这样做，但是时间久了，他们每天下班时，也会和你一样，经常提着包回家。这就是以身作则的好处。只要老板尽全力专注地工作，带头遵守相应的规章制度，用这种工作的激情和模范去带动下属，那么，老板认真的态度必能感动周围的人，使他们积极地工作。

喊破嗓子不如做出样子。作为一名老板，应该清楚知道上行下效的道理，你的行为方式对整个企业的建设非常重要。所以，做好榜样，要做到以下几点：

(1) 修炼人格魅力，提升个人影响力

一个优秀的老板，应该具备优秀的人品。老板要成为一个道德品行端正、公正、正直、无私的人；要一心为公，廉洁自律；规范经营、科学发展；服从大局、强化执行；阳光心态、自强不息；注重沟通、亲民爱民。要时刻注意自己的言行举止，时刻关注员工的情感需求，不断提升个人影响力。

(2) 以业绩树立权威

业绩上成为表率，并以此来树立权威。只有自身的本领过硬，才能带出优秀的团队。

(3) 主动承担责任

一个优秀的老板应该认识到，主动承担责任、承认错误不但不会影响你的形象、信誉，相反这种勇气更会使你备受员工的尊重。老板不是神，不可能不犯错，但至少你应该做一个敢于负责的人，勇于承认自己的错误。只有这样，你才能真正赢得员工的尊重和信服。

(4) 成为学习的榜样

当今社会是个学习型社会，学习力等于竞争力。从某种程度上讲，学习的速度等于成功的速度。社会日新月异，情况千变万化，不学习，意味着跟不上形势的发展，必然被淘汰。要带好队伍，必须比员工学习力更强，比员工学得更多、更快、更全面。不仅要做好自身学习，更要带领好、组织好下属学习各类业务知识、规章制度、操作技能，全面提升员工的素质与技能。

除此以外，优秀的老板还要争取成为员工良好心态与积极态度的榜样、客户服务与产品拓展营销的模范、负责担当与尊重沟通的榜样等。

总之，身教重于言教，榜样的力量是无穷的。所以老板要严于律己，力争在多方面成为员工的榜样，通过不断提升个人的感召力，促进员工素质的全面提升，最终促进各项工作的良好开展。

2. 永不放弃，有困难自己冲在前

工作中，很多职场新人总会遇到一些力不从心的事，这时他们往往会因此而陷入迷茫，有的仓促应对，有的干脆打起退堂鼓，决定放弃，“这个不行，那个不行”，寻找各种理由为自己开脱。其实这个时候，在自己说“不行”的时候，已经把做事的潜力全部给抑制住了。

做任何事情需要有一种永不放弃的精神，尽最大的能力去做，只有尽力去做了，才能激发出内心隐藏的巨大潜力，许多成功人士的奋斗激情正因不放弃而唤醒。

东芝CEO土光敏夫，是日本赫赫有名企业家，第二次世界大战后，日本很多企业面临着生存危机，不少企业家选择转让和申请倒闭。东芝公司也不例外，内忧外患，与他们不同的是，土光敏夫并没有放弃他的企业和员工。当他决定重整东芝的时候发现遇到的最大问题是资金短缺，他当时只有一个想法，向银行申请贷款。但是，由于战后日本的经济状况，想要通过银行筹集资金又是何等难，果然，银行对他提出的申请贷款置之不理。

然而，情形紧迫，两天内如果仍然没有资金投入，整个公司将不得不全线停工。他意识到，已经到了最危急的时刻，决定破釜沉舟，亲自上门拜访行长先生！

为了表示自己的决心，他带了两盒盒饭，决心要与行长展开一场持久战。一见行长他就开始软磨硬磨，希望给他贷款，但对方就是不答应。不知不觉已接近下班的时间了。当营业部的铃声拉响时，部长如释重负，提起公文包就走。然而令他意想不到的是，土光敏夫将两盒盒饭摆在前面说："行长先生，我知道你工作辛苦了，但是为了我们能够长谈，我特意把饭准备好了，希望你不要嫌弃这寒酸的盒饭，等我们公司好转后，我们再感谢你这位大恩人。

面对土光敏夫的这份"无赖劲"，行长真是无可奈何，他开始重新认识这位经营之神，并为他的执着而感动，最终决定批准他的贷款申请。

土光敏夫的行为，就像古代忠臣良将在国家危难之际，抬着棺材去打仗一样，这是一种决心，一种义无反顾的精神。正是有了这份决心，才能感化你对面的人。

可见，全力以赴地去对待是每个成功人士身上不可缺少的精神，同样，这也是企业用人的标准。每个企业都希望自己的员工忠于职守，热爱自己的工作。从一名员工的角度看，正因为全力以赴，把公司看成自己家一样，不管老板、上司在不在，不管公司遇到什么样的困难，他都愿意全力以赴，积极主动去做任何事情的话，假以时日，他一定能够成为不可替代的员工。

年轻的朱光辉是天津铁路信号厂的一名技术员，2006 年，他所在的生产组生产的电源屏因质量问题在南方市场全面下线，影响恶劣。总公司要求技术人员找到问题症结所在，及时排除故障。全体机组人员高度重视，成立了攻关项目组，下定决心分秒必争进行试验，在最短的时间找出问题。

朱光辉就是其中的一员，面临时间紧、任务重、标准高等诸多困难，他本着负责任的态度，不惜牺牲休息时间，加班加点。进过钻研，终于发现，原因出在电源模块出现了短路。发现问题后，他立即连夜着手改进，第二天，他一大早就把改好的方案图上报给领导。

有这个方案图，大家做起试验来更加得心应手，为紧急的进度争取回了宝贵一天。大家看着他熬红的双眼都劝他回去睡个好觉，但他依然惦记着试验的每一个数据，又投入到了新一轮数据整理分析工作中……

一个很棘手的问题就这样被朱光辉轻松解决了，尽管付出非常大的努力，但至少表明这件事情不是不可为。所以，职场新人在面对遇到的难题时，首先不能武断地给自己下结论，“我技不如人，这件事情我做不了”“我没有经验，这件事情你还是交给别人吧”。类似的话都是借口，都是推脱责任，没有去做如何知道自己做不了？

很多职场新人在面临一个问题，还没有动手去做就给它分类、定性，什么是“能解决的”，什么是“不能解决的”。这在潜意识就给这件事情贴上了标签，所以，那些在你看来“不可能解决的问题”，就永远被“冷冻”起来。其实，很多时候这只是一个主观意识的问题，只要努力去做，“不能解决”也会迎刃而解，转化为“能解决”的问题，而不努力去做，能解决的也会搁浅，变为阻碍你前进的难题。

全力以赴应该成为每个职场新人做事的基本要求，无论成功与否，只要尽最大努力去做了一定会有所收获。在这里，你的毅力、忍耐力比任何技能、经验都管用。通常来讲，只要全力以赴地去做了，就没有解决不了的问题，“精诚所至，金石为开”“车到山前必有路”，说的就是这个意思。

3. 树立威信，赢得拥护和爱戴

我们时常可以听到这样的议论，某某领导威信高，某某领导威信低，那么，究竟什么是领导的威信呢？领导的威信即领导的影响力。要有效地实现其管理功能，不仅要有权力（职权），而且更要有威信。威信是一个人作风、品行、素质的综合反映，也是老板必须具有的基本素质之一，是老板开展管理工作必备的内在力量。

用美国学者斯蒂芬·罗宾斯的话说，管理者是指挥别人工作的人，没有个人威信就无法指挥别人。威信高的老板，具有坚实的群众基础，工作开展起来也会如鱼得水，有呼即有应，令即行禁即止。反之，威信不高的老板，时不时遇到来自下属的阻力与压力，甚至会陷入尴尬境地。

因此，老板对团队的管理某种程度上讲，就是一个运用自身威信影响下属的过程。

一个下属之所以为他的团队或老板拼命工作，很大一部分原因是冲着老板的个人威信。因为他所追随的人，能像磁铁般征服大家的心，激励大家勇往直前。

俗话说得好，“不怕群众意见大，就怕管理形象差”。在一个团队中，老板的威望和影响力非常重要。老板之所以需要树立威信，就是因为普通员工或基层管理者只要干好自己的事就可以，而老板不然，不树立威信就无法起到“领头羊”的作用，无法依靠众人一起去做。

谈到威信，通常由两方面构成，一个是职位权力，一个是个人素养。

（1）职权高低与威信的关系

一般来讲，影响力与威信成正比，职权越高，则威信越高；反之则威信低。值得注意的是，尽管如此也不可依靠手中的职权来强制性地树立威信。

那么，如何才能利用职权提高自己的威信呢？首先，要正确处理职位权力和个人权力之间的关系。

领导的权力性影响力和非权力性影响力在领导的威信体系中是一个有机的整体，是相辅相成的辩证统一体。

> 威信是一种非权力因素，但它实实在在影响着一个人的领导力、号召力。有人用“领导=实力+威信”来概括单位或部门领导的特征，突出了实力与威信是构成领导能力的要素。一个老板，由于身在其位，自然有权，有权就可以使下属服从其意志和指挥，但有权并不代表有威信。
>
> 相反，有了威信，同其拥有的权力结合，方能在下属中具有真正的权威，权力也才能得到更有效的运用。可以这样

说，权力是权威的前提，威信则是权威的灵魂。成功的老板，是因为他具有99%的个人威信和1%的权力行使。

因此，老板应该认识到威信既不是争来的，也不是换来的，树立威信要凭能力素质，凭敬业奉献，凭良好的人品官德修养，办好分内的事，做下属信任的人。

(2) 个人素养与威信的关系

一个人的威信除了受职权大小影响外，还与个人素养息息相关。这也是为什么很多职高权重的老板、公司高管却不受基层员工欢迎的原因。因此，要想树立自己在下属中的威信，还必须做到以下五个方面，以提高自身的个人素养：

① 以“德”立威。“德”是指管理者的道德、品行、作风，特别是道德品格。实践证明，能否得到大家的拥戴，人们首先衡量其“德”行，德是建立威信的基础。纵观那些管理有方、成绩显著、群众威信高的管理者，无一不是有良好的道德品质和高尚的人格魅力。

这里的德，首先是指“忠诚”，忠于所从事的事业、所服务的企业，这是最基本的“德”。其次是思想工作作风。即管理者要以身作则，率先垂范，言行一致。在工作中要坚持原则，秉公办事，赏罚分明。

因此，老板需要常常反思一下自己的人品官德修养，真正把心思放在工作上，放在提高自身素质和修养上，不断在工作中锻炼自己的能力素质，培养良好的人品官德，以自身实际行动和良好形象，影响和带动下属完成好公司的各项工作任务。

② 以“才”增威。如果说品德是决定老板威信强与弱的根本性因

素，那么“才”是影响威信大小的关键因素。有德无才也不是一个合格的领导者，所谓的“才”包括两层含义，一是广博的知识；二是卓越的综合能力。既要精通业务知识，又要有丰富的管理知识以及其他相关能力，两者结合才能赢得下属的最终认可和敬佩，产生巨大的感召力。

雷军几乎算得上是最有威信的企业家之一。技术出身的他是团队中的工程师，很多产品都是由他自己研发出来，这就是“才”；其次，他的各方面能力都很出众，在任何场合都表现得非常符合特定角色，比如在手机发布会上，就可以像产品经理一样对各项功能了如指掌、对答如流。媒体采访时，又会像销售一样言辞恳切地希望外界多了解小米。

难怪小米员工对他评价十分高，曾有一个小米员工开玩笑说，“雷军几乎算得上是最努力的企业家之一”，“我都怀疑老板可以不吃饭不睡觉”。

③ 以“公”助威。“公”就是管理者在工作中要做到公正、公平、公道。“民不服吾能，而服吾公”，“公生明”。实践反复启示我们：在许多问题上，下属最怕不公，不公导致消极、离心；公则赢得人心。因此，管理者要公平公正地对待诸如分配、奖惩等问题，切忌亲我者近之，疏我者远之，拉小圈子。管理者要以公正得民心，以身正求公正。

④ 以“绩”壮威。这是管理者品德、知识、才能等的综合体现，也是管理人最终的落脚点。那些工作业绩突出、能够改变本单位面貌的管理者，自然能在员工中享有较高的威信。反之，整天忙忙碌碌，多年不见业绩，甚至使公司利益遭受损失的管理者，是不可能获得真正威信的。因此，作为一个管理者，必须真抓实干，励精图治，以赢得员工和股东的拥护和信赖。

⑤ 以“情”升威。国外管理科学研究表明，一个成功的管理者，80%的因素来自情感方面，只有20%的因素来自智力方面的影响，管理

者威信的树立更离不开情感的力量。当代人的一个显著特点，就是人人期望得到别人——尤其是管理者——的理解、尊重和信任。哪怕是一个主动的招呼、一句亲切的寒暄、一句玩笑话，都会使人感到是对自己的尊重和亲近，从而达到心理相容，感情相通。俗话说，“感人心者，莫过于情”，说的就是这个道理。管理实践活动也表明，凡是谦虚谨慎、作风民主、待人热情、和蔼可亲的管理者，一般都有较高的威信。

古语云：“有威则可畏，有信则乐从，凡欲服人者，必兼具威信。”威信是一种大品格、是一种大诚信，是一种大能力，是一种大智慧，是一种大勇气。权力和地位赢不来下属的真心尊重，只有树立起自己的威信，才能让下属心甘情愿地为企业效劳。下属对于老板的尊重来自于老板的威信，老板只有在下属心目中树立起威信，才能把管理工作做好，才能保证企业健康发展。

4. 不失其亲，亲和力使人如沐春风

一个团队或组织是否充满朝气与活力，往往与老板的亲和力有很大关系。所谓亲和力，简单地说，就是具有一种让人想去亲近你的情感魅力。老板的亲和力就是与下属打成一片，把下属当亲人，没有官腔，没有架子，没有敷衍。待人处事人性化，多发现下属的优点，多理解下属的难处，多帮助下属排忧解难。这种亲和力是一种强大的气场，它可以产生巨大的凝聚力，转化为强大的影响力和行动力。

分析国内外众多思想家、政治家以及成功企业家的成长规律，他们成功的一个重要条件就是尊重他人、理解他人，善于倾听各方意见，并充分综合不同意见，最终拿出一个最为妥当的解决问题的方案。在一次次的磨炼中，他们学会了如何成为一个成熟的“老板”，并产生出超越自己、带领团队进步的力量。这种力量就是亲和力。

瑞典前首相帕尔梅在瑞典是十分受人尊敬、有亲和力的领导人。他虽贵为政府首相，但仍住在平民公寓里，生活简朴、平易近人，与平民百姓毫无二致。帕尔梅的信条是：“我是人民的一员。”

帕尔梅从家到首相府，每天都坚持步行，在这一刻钟左右的时间里，他不时同路上的行人打招呼，有时甚至同路人闲聊几句。帕尔梅一家经常到法罗岛去度假，和那里的居民建立了密切的联系，那里的人都将他看作朋友。

帕尔梅喜欢微服私访，去学校、商店、厂矿等地，找学生、店员、工人谈话，了解情况，听取意见。他从没有首相的架子，谈吐文雅，态度诚恳，也从不搞前呼后拥的威严场面。

帕尔梅同许多普通人通过信件建立了友谊。他在位时平均每年收到15万封来信；其中三分之一来自国外，为此他专门雇用了4名工作人员及时拆阅、处理和答复，做到来信皆阅，来信均复。对于助手起草的回信，他要亲自过目，然后才签发。这一切都使他的形象在人民心目中日益高大。在瑞典人民的心目中，帕尔梅是首相，又是平民；是领导人，又是兄弟、朋友，是人们的偶像。

亲和力是一个老板应具备的基本素质，是老板才能的基础和补充。一位管理大师曾将亲和力强的老板定义为“平易近人型老板”，这不无道理。因为，是否具有老板魅力，是否富有责任感，是否经常关怀下属并关心他们的成长，是决定一个老板能否获得下属支持的重要前提。而在下属面前能否用平和的态度纠正下属的过失，不轻易谈论下属的缺点和不足，并利用这些来为自己的工作做铺垫，则是一个老板是否具有亲和力、是否可以将下属团结在自己周围的关键。

老板的力量，不是建立在下属敬畏、恐惧的基础上，而是建立在下属信服、亲近、主动追随的基础上。彼此有了感情，一句话能顶十句用；彼此没有感情，十句话也不顶一句用，对于不想听的人来说，你说得再多也不管用。你希望下属认真地为你服务，那你也应当为下属多着想一些，关心他们的进步前途。你地位越高，事业越大，依靠的人越多，就必须具备很强的亲和力，以调动更多人努力工作的积极性。一个受人拥戴的老板，应当有声有色地工作，有滋有味地生活，有情有义地交往。

盛田昭夫是索尼的缔造者和最高首脑，具有非凡的亲和力，他喜欢和下属接触，经常到各个下属单位了解具体情况，争取和较多的下属直接沟通。稍有闲暇，他就到下属工厂或分店转一转，找机会多接触一些下属。他希望所有的经理都能抽出一定的时间离开办公室，到下属中间去，认识、了解每一位下属，倾听他们的意见，调整部门的工作，使下属生活在一个轻松、透明的工作环境中。

有一次，盛田昭夫在东京办事，看时间有余，就来到一家挂着“索尼旅行服务社”招牌的小店，对下属自我介绍说：“我来这里打个招呼，相信你们在电视或报纸上见过我，今天让你们看一看我的庐山真面目。”一句话逗得大家哈哈大笑。气氛一下由紧张变得轻松，盛田昭夫趁机四处看一看，并和下属随意攀谈家常，有说有笑，既融洽又温馨。盛田昭夫和下属一样，沉浸在一片欢乐之中，并为自己是索尼公司的一员而倍感自豪。

还有一次，盛田昭夫在美国加州的帕洛奥图市看望索尼公司的一家下属研究机构，负责经理是一位美国人，他提出想和盛田昭夫合几张影，不知行不行。盛田昭夫欣然应许，并说想合影的都可以过来，结果短短一小时，盛田昭夫和三四十位下属全部合了影，大家心满意足，喜气洋洋。末了，盛田昭夫还对这位美籍经理说：“你这样做很对，你真正了解索尼公司，索尼公司本来就是一个大家庭嘛。”

再有一次，盛田昭夫和太太良子到美国索尼分公司，参加成立25周年的庆祝活动，夫妇特意和全体下属一起用餐。然后，又到纽约，和当地的索尼下属欢快野餐。最后，又马不停蹄地赶到阿拉巴马州的杜森录音带厂，以及加州的圣地亚哥厂，和下属们一起进餐、跳舞，狂欢了半天。盛田昭夫感到很开心，很尽兴，下属们也为能和总裁夫妇共度庆祝日感到荣幸和自豪。

盛田昭夫说，他喜欢这些下属，就像喜欢自己家人一样。

依靠索尼高层老板的这种亲和力，使公司里凝聚成一股强大的合作力量，并借着这么一支同心协力的队伍——他们潜心钻研、固守岗位、自觉负责、维护生产、不为金钱追求事业，勇于开拓他乡异国销售事业，先锋霸主索尼公司才能屡战屡胜，一步一个脚印，在高科技新产品开发上，把对手一次又一次地甩在后面。

在团队中，有亲和力的老板更受人欢迎，因为他让人感觉面善，相处起来舒服、自然，总能营造出一种和谐的工作环境。这个道理很简单，渴望与人亲近，追求和谐相处，是人类基本的需求。亲和温暖的威力大于严厉粗暴。春天般温暖的脸总让人舍不得离开，而那冰冷刺骨的容颜只会让人望而止步。

老板的亲和力非常重要，良好的亲和力能拉近自身与下属之间的心理距离，从而产生最大化的管理热能和经济效益。很多事实证明，具有亲和力的老板最讨人喜欢，他们不端“官架子”，常常“忘掉”自己的身份，和普通下属真诚交流。

他们把自己的亲和力逐渐变成了影响力，使下属忠诚地跟随自己。当然，管理要有亲和力，并不是要我们放弃原则。管理需要建章立制，但不能视人为生产工具，忽视人的价值和人格尊严。人和动物的区别是有感情的，“金钱”报酬不是人的唯一需求，人的最高需求是实现自身的价值。因此，老板的亲和力来自人性化管理，有人情味，无情规章，有情操作，处处以人为本。

总之，亲和力是老板自身素质养成中不可或缺的一个，它贯穿于管理过程的始终，是协调上下级关系的调节剂，是提高下属工作能力的兴奋剂。作为新时代的老板要用爱心、情感、智慧来酝酿、发展、壮大这种亲和力，使之成为团队或组织发展的不竭动力。

5. 以德取胜，江山之固在于德

道德品质是人的基本素质和做人的根本。高尚的品德是个人成功最重要的资本，是人最核心的竞争力。具有优秀人品的人，总是会时常从内心爆发出积极的力量，使人们了解他、接纳他、帮助他、支持他，使他的事业获得成功，使他受到人们的尊重和敬仰。可以说，好的品德是推动一个人人生不断前进的动力。

哈佛商学院管理实践教授比尔·乔治在采访了125位来自世界各地的成功老板后，向我们揭示了这样一个事实：道德上的完善不仅可以帮助一个人成为合格的老板，这同时也是一种最有效的老板方式。

法国管理学家法约尔在《工业管理与一般管理》一书中指出："老板在道德品质方面，哪怕是最小的缺陷都可能导致最严重的后果。"只有那些有德的老板，才能被称为一流的老板。

老板是一个组织、一个单位的主要负责人，他的思想道德如何，对组织及其成员有着极大的影响。俗话说，"兵随将，草随风"，"上有所好，下必效焉"。如果老板能够模范地遵守职业道德，公正廉洁、恪尽职守、团结协作、锐意进取，那么员工就会受其影响，自觉遵守道德规范；反之上行下效，各种道德规范必将受到践踏。老板的道德素质有极大的教育示范性，它在一定程度上制约着，甚至决定着组织其他成员的道德水准。所以，老板必须加强道德修养，起好模范带头作用。

金世宗完颜雍，虽然以少数民族的身份入主中原，却信奉儒学，以“德治”作为自己的治国原则。他实施“德治”宗旨，就是想尽一切办法使社会得到安定，在安定中求得稳步发展。

金朝初年，皇帝的护卫亲军，年龄大了后都得改任地方临民官。金世宗对此提出异议，说：“护卫都是武人，有的连字都不会写，怎能治民呢？天子以黎民百姓为赤子，不能亲自过问每家的事，只能依靠各级官员。明知官员不称职而强授之，老百姓会说朕什么呢？”于是命令护卫皆改任他职。世宗本人躬行节俭，很大程度上也是从爱民的角度出发的。他曾说过：“朕如果想使饮食丰盛，每天宰五十只羊也能办得到，但一想到浪费的都是老百姓的血汗，就于心不忍。”

元妃李氏死，金世宗到兴德宫举行葬礼。他见街市上十分冷落，就对随行的大臣们说：“不应因元妃之丧而影响了百姓的生计，让他们照常营业。”还有一次，世宗因事驾幸兴德宫，朝官们请他走前门，金世宗怕出行的队伍妨碍了市民的生业，便改从别的路走。

金世宗始终把“德治”看作社稷的根基，身体力行，使得金朝出现了一段时期的繁荣局面。这使他自己在历史上也享有很高的声誉。《金史·世宗本纪》对他的评价是：金世宗由于在位前长期在地方任职，所以十分了解国家祸乱的原因，知道管理官吏的得失，即位五年，就实现了南北和平，与民休息；接着躬行节俭，推崇孝悌，讲信赏罚，重视农桑，谨慎挑选官员，严格督查责任。他孜孜不倦，夜以继日，治国利民，真可以称得上是“得君之道”，当时就被人称为“小尧舜”。

俗话讲“德高望重”，老板如果具有高尚的品德，就有人格魅力，就有吸引力，就有凝聚力，就有感召力，就能够成为核心，就能够被众人拥戴，就会形成权威。这是职位权力无法比拟的一种强大的影响力。

中国人向来重视“以德服人”，就是要求老板要用自己的高尚宽厚的人格感化下属，使其心甘情愿地服从自己。下属往往对老板的能力表示钦佩，进而服从，但是更多的时候是为老板的道德品质所感动，进而产生无条件的服从和信赖。如果老板道德品质低下，即使他的职位再高、资历再深、能力再强，也会失去威信和影响力，从而失去对下属的有效管理。

管理大师彼得·德鲁克主张：“品格是发挥老板力的手段。”

1943年的冬天，这个冬天深深地刻在李嘉诚的记忆深处，是他一生中最难以忘怀的。

当时，父亲的去世使他对那渗透他柔嫩、幼弱的身躯，由肉体达到心灵深处的酷寒感到不堪忍受，更使他觉得整个世界像一座巨大且黑暗的冰窖，似乎人世间的最后一丝热气也被父亲带走了。

然而，即使是这样，李嘉诚还是咬紧牙关、鼓足勇气，他希望自己能够带领全家平安地度过这个肃杀凄凉的冬天。

为了安葬父亲，李嘉诚含着眼泪去买坟地。按照当时的交易规矩，买地人必须付钱给卖地人之后才可以跟随卖地人去看地。

卖地给李嘉诚的，是两个客家人。李嘉诚将买地钱交给他们之后，便半步都不肯离开，坚持要看地。山路出奇泥泞，寒意逼人的北风迎面而来……仍旧沉浸在失去父亲巨大的悲痛中的李嘉诚，想着这连日来和舅父、母亲一起东奔西走，总算凑足了这笔安葬父亲的费用。想着自己能够亲自替父亲买下这块坟地，心里总算有了一丝慰藉。

这两个卖地人走得很快，李嘉诚一步接着一步地紧跟不舍。然而，不幸的是卖地人见李嘉诚是一个小孩子，以为好欺骗，就将一块埋有他人尸骨的坟地卖给他，并且用客家话商量着如何掘开这块坟地，将他人尸骨弄走……

可是，他们并不知道，李嘉诚听得懂客家话。李嘉诚震惊地想，世界上居然有人如此黑心、如此挣钱的人，甚至连死去的人都不肯放过；想到父亲一生光明磊落，即使现在将他安葬在这里，九泉之下的父亲也是绝对得不到安眠的。而且，李嘉诚也深知这两个人绝不会退钱给他，就告诉他们不要掘地了，他另找卖主。

这次买地葬父的几番周折，深深地留存在李嘉诚的记忆深处，使他不仅受到了一课关于人生、关于社会真实面目的教育，而且对于即将走上社会、独自创业的李嘉诚来说，这是第一次付出沉重的代价所吸取的相当痛苦的教训，也是李嘉诚面临在道义和金钱面前如何抉择的第一道难题。这促使李嘉诚暗下决心：不管将来创业的道路如何险恶，不管将来生活的情形如何艰难，一定要做到生意上不坑害人，在生活上乐于帮助人。

李嘉诚几十年如一日坚持对自身人品的锤炼，坚守诚信经营的理念，从一家小作坊开始，逐步发展成为集生产、加工于一体的出口贸易公司，并通过创立企业品牌，赢得了市场。

人最值得尊重的，正是在追求和奋斗过程中表现出的优秀品格。如果把李嘉诚的成功归于是幸运的，那么真正的幸运是属于拥有优秀品格的人。

在一个组织或企业中，老板良好的道德品格有助于有效管理的实现，它可以加强组织或企业的整体性，使老板和下属休戚与共、荣辱相依，从而有效实现组织或企业的目标。试想一个道德品格低劣却又大权在握的老板如何能实施有效的管理。

具有优秀品德的老板有很大的吸引力，即使他不说一句话，仍然能让人感觉到他那“内心深处的力量”。无数事实证明，老板的品德比能力更重要。古往今来，所有成大事的老板，几乎无一例外地都具有超越凡常独树一帜的高尚品德。正是这样的品德形成了老板在特殊权力之外的非权力因素，极大提高了他无与伦比的人格魅力，更因此成就了他强大的号召力与凝聚力，让更多的人因信其人而信其道。

良好的品德修养是老板立身做人、立志做事、立德为官必备的基本修养。锤炼品德修养，老板要从思想认识上出发、日常生活中历练、学习工作上提升，着重在自我净化、自我完善、自我革新、自我提高中蓄劲储力，形成立德自觉；努力做到政治上有信仰，精神上有追求，工作上有动力，发展上有作为，生活上有准则，言行上有形象，成为令员工信服的人。

6. 责任有多大，事业就有多大

每个人都想成为老板，然而，很少有人做好了承担相应责任的准备。领导是什么？对此的诠释众说纷纭，但是有一点是肯定的：领导就是责任者！

古人云："在其位，谋其政；司其职，负其责。"权力的行使与责任的担当紧密相连，有权必有责。看一个老板称职与否，很重要的是看其有没有责任感，有没有担当精神。勇于担当、尽职尽责，是老板的立身之本。

责任意识就其本质来说，是一种职业道德。责任往往与顾全大局、忍辱负重、任劳任怨等优良品德联系在一起，真正反映一个老板的思想品德和精神风貌。老板有了强烈的责任心，就会把精力用在工作上，就会得到人们的信任和拥护。

某公司副总经理对下属要求十分严格，动不动就指责下属。对此下属多有抱怨。

一天上午，副总经理的顶头上司——总经理怒气冲冲地走进了办公室。无视副总经理的存在，径直走到制订工作计划的一位部门经理面前说："你写的这是什么计划？简直狗屁不通。"部门经理十分尴尬，想解释但是也知道解释是没有用的，正在不知所措的时候，那位经常指责下属的副总却站了出来，说："是我要他这样写的，我会对此负责任的。"

从此以后，气氛完全变了过来。副总虽然仍同过去那样，动辄指责下属，但下属对副总的态度却与从前大为不同。因为，下属们意识到："副总经理是真的在为下属着想。"

令人惊异的是，经过此事后，总经理更加信任这位副总。

通过这样一件简单的事，使副总经理不仅得到了上级的赏识，也得到了下属的拥戴，这就是主动承担责任的益处。

假如你是个中层管理者，你为下属承担了责任，那么你的上司是否也会反思，他也有某些责任呢？一旦公司里形成勇于承担责任的风气，便会杜绝互相推诿、上下不团结的局面，使公司有更强的凝聚力，从而更有竞争力。

老板就是责任者，职务越高、权力越大，承担的责任相应也就越大。老板要带头强化责任意识，把该担的担子担起来，把该负的责任负好，不仅要认真履行责任，还要敢于承担责任。如果遇事贪功诿过、推卸责任，绝不是一个称职的老板。只有那些承担责任的老板，才有可能被赋予更多的使命，才有资格获得更大的荣誉。

人无德不立，官无德不为。勇于负责担当，是一个老板为官之德的重要体现。作为老板，不管你的权限范围有多大，都应该在自己的权限范围内，承担起相应的、最大的管理责任。一个遇事推诿，做事前"拍脑袋"定夺，出事后"拍屁股"闪人，见功就上，见过就躲的老板无疑会失去员工的信任。反之，一个勇于承担责任的老板，肯定是一个值得信赖的老板。

某城市有家外资公司办事处，只有一位老板和一位职员。办事处刚成立时需要申报税项，由于当时很多这样性质的办事处都没有申报，再加上这家办事处没有营业收入，所以这家办事处也没申报。两年后，在税务检查中，税务局发现这家办事处没有纳过税，于是做出了罚款决定。这家办事处的香港老板知道这件事后，就单独问这位老板："你当时怎么想的，导致发生这样的事情?"这位老板说："当时我想到了税务申报，但职员说很多公司都不申报，我们也不用申报了。另外，考虑到可以给公司省些钱，我也就没再考虑，并且这些事情都是由职员一手操办的。"老板又找到这位职员，问了同样的问题。这位职员说："从为公司省钱的角度考虑，再加上我们没有营业收入以及其他公司也没申报，我就把这种情况同老板说了。最终申不申报还应由老板做决定。他后来没跟我说，我也就没报。"很自然，这位老板马上就被开除了。

在实际工作中，类似这样的事情时有发生。一提到责任追究，有些老板就会不由自主地紧张起来，原因就是怕自己承担责任或者受到牵连被追究。很多老板处理危机的能力和担当意识不强，推脱责任的能力倒挺强，事情搞砸了，习惯性地将差错推给下属，将责任推得一干二净。久而久之，公司便会人心涣散，下属离他而去。

所谓老板，就是在享受权力的同时，承担起更大的责任，在风险或危机来临时，有勇气站出来，单独扛起压力。凡事习惯于推卸责任，不但不利于事情的及时解决，更会对个人职业成长、企业的发展产生不良的影响。

责任是一种职责，一种义务，一种使命。由责任而产生的完成使命、履行职责的精神力量，是推动发展的动力，无论是对老板本人还是对组织或企业来说，任何时候都不可或缺。实践证明，老板有没有强烈的责任感，能不能忠于职守、尽职尽责地做好每一项工作，直接关系到事业的成败。

“位高者责重，名赫者责大”，权力与责任是成正比的，你能承担多少责任，才能拥有多少权力。如果老板手中握有的权力和肩上担负的责任不成比例，那么这个老板，很难说是一个合格的老板。

敢于负责、勇于担当不仅是一种精神，更是一种能力，绝对不是个人小事，更多地反映着一个人的道德品质、工作能力、人格力量和敬业精神。对老板来说，尤其如此。一个团队老板要想获得员工的信任，就要敢于承担责任。老板勇于承担责任，可以让员工有精神寄托，可以减少员工的压力，从而减少员工犯错的机会。另外，当老板以一个敢于承担责任的形象出现时，员工也会甘愿为企业承担更多的责任。

7. 勇于认错，敢于批评和自我批评

人非圣贤，孰能无错，犯错并不可怕，关键是犯错后，你持什么态度。

在现实生活工作中，人不可避免地会犯错误，老板也如此。可是对

一些老板来说，承认错误却是件非常不容易的事情。他们总是用各种方式掩饰自己的错误，给自己找托词，或者在掩盖不住自己的错误、实在没有办法的时候才被迫承认错误。

任何人都可能会犯错，是否能够正视错误、改正错误，是衡量一个人是否值得信赖的重要标准。只有敢于承认错误的人才能获得别人的信赖。老板在工作中难免会有失误，有了失误不可怕，只要敢于负责，及时解决失误就是了。实践证明，只要承认错误，改正错误，老板的威信不仅不会降低，反而会更有威信。若在失误面前躲躲闪闪，推三推四，甚至埋怨他人，那么，他的威信就要扫地了。

春秋战国时期，秦穆公是秦国的一代仁义之君。他为了向东扩张势力，派三员大将带兵偷袭郑国。由于郑国离秦国较远，当时秦国的谋士蹇叔劝秦王说："长途奔涉，士兵们肯定在未到郑国时就已疲惫不堪，况且，浩浩荡荡大军去偷袭，郑国又怎能没有准备呢？"

秦穆公不听蹇叔的意见，坚决进攻郑国。蹇叔于是号啕大哭，因为他已料到秦国必败，而他的儿子正是三员出征大将之中的一个。

果然，郑国大商人弦高在途中遇到秦军，当他得知秦军要攻打郑国时，一面找人急速报于郑国，一面犒劳秦军，并对他们说："你们三路大军奔波这么远，浩浩荡荡，影响那么大，郑国早有准备了，你们恐怕不可能偷袭成功。"

秦军三员大将觉得弦高言之有理，以疲惫之师去攻打以逸待劳的郑国，肯定会损失惨重，于是，开始撤退。但是在归途中，却遭到晋军的偷袭，结果秦军全军覆没，三员大将也被俘虏了。

当秦国三员大将历经千险万阻，逃命回到秦国时，秦穆公披着缟素（孝衣），到郊外三十里迎接他们，哭着说："委屈你们了，这一切都是我的过错啊！我不该不听蹇叔的话，而坚决让你们进攻。你们哪有罪啊？"

秦穆公勇于承认自己的错误，正是一代仁君风范的表现。他这样做丝毫无损于他的威信，相反，却让他的将士们更加信服他，更加愿意为他效劳。

勇于认错是优秀老板必须具备的品德和修养。有了错误，及时纠错，能够将错误所带来的损失降低到最低限度。反之，一味地掩饰和执拗，越抹越黑，越走越错，结果只能是失败。作为一名老板，知错就改的自我纠错精神在工作中相当重要。一旦认识到自己错了，是坚持错误，将错就错，还是及时地改弦易辙，纠正错误，其结果是完全不同的。坚持错误，肯定会失败；而及时纠错，无疑能挽回损失。

勇于认错不仅是一个老板应有的素质，也是一种难得的品德。许多开明的老板都坚持认为，承认错误是勇敢的表现、诚实的表现，不但能融洽人际关系、创造平和氛围，而且能提高自身的威望、增进下属的信任。

2001 年，美国戴尔公司有半数员工包括许多公司辛苦培养出来的技术骨干先后跳槽，这对戴尔公司来讲无异于一场灾难。于是，公司 CEO 迈克尔·戴尔下令调查，而结果大大出乎他的意料。原因竟出自戴尔本身，多数员工认为他不近人情、感情疏远，对他没有强烈的忠诚感。结果反馈上来之后，戴尔进行了认真的反思。在一周之内，他向手下 20 名高级经理认错：承认自己过于腼腆，有时显得冷淡、难于接近，承诺将和他们建立更紧密的联系。当众认错的场面还录了像，并把现场录像发给了公司里的每一名经理，一共数千人。大家对“极度内向”的戴尔公开反省感到非常震惊，对他的成见顿时消减殆尽，一场人事危机随着迈克尔·戴尔的认错悄然化解。

人无完人，每个人都难免会犯这样那样的错误。我们对待自己错误的态度，决定了我们在别人眼中的形象。一个人有闻过则喜的胸怀，不仅不会失去威信，相反还会使形象更加高大。所以，作为一个老板，在自己有错误的情况下，要有勇气承认错误并改正错误。

领导为什么要敢于承认错误？首先，做了错事就会有损名誉，不光是个人名誉，还会影响公司名誉。所以必须承认错误，并通过道歉来恢复名誉。其次，认错可以重新凝聚团队。作为一个老板，你做错了，大家会有意见，会有反感，通过道歉你可以把大家重新凝聚起来。第三，道歉可以对外修复关系。除了个人威望，集体凝聚力得到恢复，对于外部关系受到损害的部门，认错也可以缓冲与对方的紧张关系，甚至重塑关系。第四，承认错误、进行道歉是一个人的美德，这个美德会让你拥有自我的和谐。有些人面对错误始终狡辩，其实他心里是很难过的，他一直生活在自己错误的阴影里。你承认错误了，给了自己一个平衡，别人也会对你更为尊重。

“人非圣贤，孰能无过？”敢于认错，这是一种工作作风，也是一种心态。想要当一个合格的老板，就该具备认错的勇气，愈快认错，愈能赢得下属的谅解和支持。

8. 展现人格魅力，迸发无形的影响力

成功的老板并不追求永不犯错的理想境界，而是设法及时发现自己工作上的偏差，并尽快回到正轨上。定期进行自我反省就是一种很好的方式。

所谓反省就是反过来审查自己，检讨自己的言行，看有没有要改进的地方。法国牧师纳德·兰塞姆去世后，安葬在圣保罗大教堂，墓碑上工工整整地刻着他的手迹："假如时光可以倒流，世界上将有一半的人可以成为伟人。"

一般来说，能够时时反省自己的人，是非常了解自己的人。他们会时时考虑：我到底有多少力量？我能干些什么事？我的缺点在哪里？我有没有做错什么？……这样一来，他们能够轻而易举地找出自己的优点和缺点，为以后的行动打下基础。

善于自我反省的人，生活中处处都是提高自我的机会。古今中外许多伟人，就是通过反省来战胜自己内在的敌人，打扫自己灵魂深处的污垢尘埃，减轻精神痛苦，从而净化自己的精神境界。

18 世纪法国伟大的思想家、文学家卢梭，在少年时，曾经将自己极不光彩的盗窃行为转嫁在一个女仆的身上，致使这位无辜的少女蒙冤受

屈，并被主人解雇。后来这件“卑鄙龌龊”的行为，使他深深地陷入痛苦的回忆中。他说：“在我苦恼得睡不着的时候，便看到这个可怜的姑娘前来谴责我的罪行，好像这个罪行是昨天才犯的。”

后来，卢梭在他的名著《忏悔录》中，对自己做了严肃而深刻的批判。他敢于把这件“难以启齿”而抱恨终生的丑事告诉世人，也显示了他勇于忏悔的坦荡胸怀和不同凡响的伟大人格。

金无足赤，人无完人。人活在世上，谁都难免有这样或那样的缺点和错误，谁都难免有丑陋的一面。就连爱因斯坦都宣称，他的错误占90%，那么普通人身上的错误就更不用说了。所以，每个人都要经常反省自己，这样才能真正了解自己。对于老板来说，也是如此。

古人云：“以铜为镜可以正衣冠，以古为镜可以知兴替，以人为镜可以明得失。”作为老板，更理应时常“照镜子、正衣冠”，经常反省自己，审视自己的工作业绩。微软公司总裁比尔·盖茨说过：“对于成功的企业和企业家来说，其事业最大的威胁不是来自竞争对手，而是来自于他们自身。”方正（香港）公司董事局主席王选也告诫老板：警惕成功是失败之母。许多失利者，并不是被对手挤垮的，而是被自己的成功冲昏头脑，以致败下阵来的。

人生没有永久辉煌，“月盈则亏，水满则溢”。成功者首要做到的是头脑清醒，眼光明亮，像孔子一样不断“三省吾身”；像唐太宗一样不断“三镜自照”，不断地矫正人生的航标，从新的角度和立场去思考做事和做人。甩掉成功的包袱，才能获得更大的成功。

美国通用公司前CEO韦尔奇虽然在任时工作很忙，但是每个星期六晚上，他总要抽出一晚上的时间，把自己关在书房里，安安静静地反思自己：在工作上有什么没做好，哪些地方今后应该继续做好，有没有武断地做出主观的决定。对于这每周必做的必修课，他的理由是：若每年检查一次实施成果，则一年只有一次机会可以改正错误；若每月检查一次，则一年有十二次机会改正错误；若每天检查一次，则一年有三百多次机会改正错误。所以，每天的衡量次数增多，机会当然会相对增加。因为韦尔奇的工作实在太忙了，所以只能每周一次。正因为这样，韦尔奇才能领导着危机重重的通用一步步走向辉煌。

韦尔奇之所以取得这么大的成就，不能不说和他的坚持自我反省是有着巨大关系的。

领导最重要也最缺乏的特质是自省，然而最能创造生产力的也是自省。反省是领导成功的加速器。领导经常反省自己，可以去除心中的杂念，可以理性地认识自己，对事物有清晰的判断；也可以提醒自己改正过失。只有全面地反省，才能真正认识自己，只有真正认识了自己并付出了相应的行动，才能不断完善自己。

反省是一种自我检查的活动，还是一种学习能力，是认识错误、改正错误的前提。对老板来说，反省的过程，就是学习的过程。有没有自我反省的能力，具不具备自我反省的精神，决定了老板能不能认识并改正所犯的错误，能不能经营好企业。

事实证明，自我反省能力能够促使老板更快地成功。通过反省及时改正错误，老板就能够不断地调整自己的心态和做事方法，所以说，老板掌握了自我反省的能力，就等于掌握了自我完善和通往成功的秘方。

自我反省是认识自我、发展自我、完善自我和实现自我价值的最佳方法。成功的老板并不追求永不犯错的理想境界，而是设法及时发现自己工作上的偏差，并尽快回到正轨上。定期进行自我反省就是一种很好的方式。老板应该每隔一段时间就放下手头繁忙的事务，静下心来想想以下几个问题：我是否根据环境变化，对公司的组织结构和经营方式做了相应调整？我是否给下属提供了及时、坦率且富有建设性的反馈意见？我的老板风格是否真正反映出我是怎样的一个人？我目前的工作有什么样的改进？我是否对所做的一切感到满意？

在自我反省中，提好问题远比获得答案更加重要。上面提出的问题旨在激发老板思考。所以，不妨自己制作一份更适合自己的问题清单，然后根据清单上所列的逐步去解决问题。

CHAPTER 8

以法制人——制度管人，流程管事

万物皆有法，法代表准则和规范。企业要有明确的制度来规范日常行为，才能保证和谐长久发展，否则一切都会乱套。管理者要习惯依赖于法治，把制度作为团队监管的重要纲领，将团队引导到正确、规范的道路上，真正做到制度管人，流程管事。

1. 制度体系：将平庸的企业变优秀

在管理中有一句名言叫作“制度管人，流程管事”，这句话实际上囊括了管理的精髓。很多小有成就的管理者对这句话都会表示出高度的认同。其实，在同一种制度约束下，按照统一的流程标准去做事，就是现代管理的基本要义。

制度其实就是做事的标准，解决做什么、如何做、达到什么预期目标的问题。告诉被执行者第一步做什么，第二步做什么；第一步怎样做，第二步又怎么做。有了制度的保证，所有的工作就像水流一样保持绝对的速度和方向；反之，工作就会紊乱，停滞不前。

> 某石油企业成立于20世纪90年代中期，以生产、销售石油为主，与日本一石油企业合资之后，着手建立一系列的人力资源管理制度，并相应地制定了一套员工绩效考核体系，以对员工进行科学而全面的绩效考核。
>
> 该企业在短短的几年间就获得了快速发展，成为国内石油行业一支主要的力量。其实在此之前，该公司的绩效管理非常差。正是因为有这些制度护身才得以咸鱼翻身。
>
> 改革之前，该公司在绩效考核过程中常常出现问题。比如，由于制度中所规定的考核指标和评分标准不明确，考评人员考核起来十分困难；而被考评人员每次都会因为打分不公正满腹牢骚，甚至质问上级，有的演变为对老板的敌对态度。结果就是一场考核期下来，考核者和被考核者都十分苦恼。于是，出现了一个怪现象：那些主管考核的人为了不给自己制造太多的麻烦，每次都给所有人较高的分数，员工高兴了，暂时保住了饭碗，可长期下去这样绩效考核便成为一种形式，失去了应有的作用。
>
> 企业高层在意识到这些问题之后，对考核制度进行全面的修订，新的制度重点突出了考核指标的优化和评标标准的明确。这一改变直接激活了员工的积极性，也使企业在短短几年内恢复了元气，创造了一流的业绩。

案例中该公司正是有了一系列制度的保障，才使得企业绩效有了好转。

“没有规矩，不成方圆”，制度就是一种规矩，不同的制度代表着不同的规矩。绩效制度规范和约束着绩效管理，管理制度规范和约束着管理活动，人事制度规范和约束着绩效管理。

一个企业的发展需要多种制度的支撑，它对企业行为、员工行为是一种约束和规范。没有这些制度，企业就是一盘散沙。如员工的行为不受到企业管理制度的约束，每个人都随心所欲，想上班就来上班，不想上班就在家休息；在工作时各自按照自己的意志做事，没有一个统一的安排，你做你的，我干我的……大家试想一下，这个企业还能发展下去吗？

更重要的是，完善的制度是保证企业、团队可持续发展的重要条件。全世界每天都有成千上万的企业在生生灭灭，只有少数在竞争中脱颖而出，并得以延续和发展。这有赖于这些企业在各个环节，都建立了科学、合理的制度。

快餐巨头麦当劳在中国的餐厅经理和我们某些餐厅的经理有什么能力差异？从表面看，我们某些餐厅经理甚至比麦当劳的经理还要聪明机灵，但餐厅整体经营却不如人家。为什么？因为麦当劳把所有制度、运营流程和工作规范都编写成书，用于指引、培训、激励所有的雇员，以法治代替人治。这就是为什么优秀的企业可以把平庸的人才用优秀，而平庸的企业会把优秀的人才用平庸的原因。

可见，任何一个企业都需要有一套适合自己的管理制度，很多优秀的企业能取得突出的业绩，与其先进的管理制度是分不开的。

规章制度能进一步深化企业管理，充分调动发挥公司员工的积极性和创造性切实维护公司利益和保障员工的合法权益，规范公司全体员工的行为和职业道德。因此，老板要认识到其重要性，并结合《公司法》

《劳动法》等相关规定，建立一套管理制度，以促使公司从经验管理型模式向科学管理的模式转变。

2. 团队打天下，制度定江山

制度是团队发展的基石，其重要性已被越来越多的企业和团队意识到。一个完善的、合理的组织制度能够规范下属行为，使各项工作有章可循，从而提高管理效率与工作质量，并形成良好的组织文化。制度是基业长青的守护者，只有建立好的制度才能够统一思想，解放观念，不断创新，拼搏进取，形成良好的企业文化，从而走上健康稳定的发展之路。

哈佛大学的创始人留下一笔遗产——250 本书，学校将它们一直珍藏在图书馆内，并规定学生只能在馆内阅读。1764 年的一场大火烧毁了图书馆。在火灾发生前，一个学生恰巧将其中一本《基督教针对魔鬼世俗与肉欲的战争》的书带到馆外阅读，而幸免于难。第二天，他得知火灾的消息，意识到自己这本书已是那 250 本珍品中唯一存世的孤本。他找到校长，把书还给学校。校长收下书并感谢他，然后下令把他开除，理由是他违反了校规。有人提出异议，毕竟是他使哈佛留下了“这唯一的遗产”。校长则不这么认为：他感谢那个学生，是因为他诚实；开除他是因为校规不可违反。哈佛的理念是：让校规看守哈佛的一切，比让道德看守哈佛更完全有效。法理第一，坚持制度化管理，这便是哈佛大学的行事态度。

哈佛的成功源自其行之有效的制度管理体系，同样对于一个企业也一样，如果不能建立行之有效的管理制度，那就不可能获得成功。

企业各项制度是企业进行正常经营管理所必需的，它是一种强有力的保证。优秀企业文化的管理制度必然是科学、完整、实用的管理方式的体现。一个有效的、合理的、适合企业发展的管理制度能规范下属行为，提高下属的工作效率和质量，形成一种良好的企业文化。在正确的管理制度下，可以大大地提高企业的管理效力，提高企业的竞争能力。规范化的作业流程与下属工作行为，形成一个融洽、竞争、有序的工作环境。

1985 年，丽珠集团刚刚创建，当年盈利 120 万元。从 1985 年至 1991 年，丽珠经营额和利润连年翻番，工业总产值增长 14 倍，自有资产增长 20 倍，在全国医药行业 50 家最佳经济效益企业中排第 4 位。

丽珠上至集团公司下至各分厂，所有部门，建立起一种新的管理制度和运行机制。例如，丽珠人没有固定工资，每个人的工资都同其当月的经济效益挂钩。同是公司的各个厂，有的厂长一个月可拿到上千元，而有的厂长只拿三四百元，是因为各厂的经济效益不同。到丽珠工作，不看你原来是什么级别，什么官衔，而是量才适用，唯才是用。有一位工程师，来了之后是中层干部，但是几年从几个岗位下来，证明缺乏能力，于是一降再降，后来做一般的工作人员。在丽珠，上至厂长，下至一般下属，都是聘用的，没有铁交椅，形成一种平等竞争、奋发向上的氛围。

另外，丽珠尊重知识，尊重人才，而且建立了一套对科技人员实行政策倾斜的制度，给他们创造一个安心工作的宽松和谐的环境。对有重大贡献的科技人员实行重奖。只1990年、1991年这两年，就给开发丽珠得乐的科技人员提取奖励80多万元。在这里，助工以上的科研人员可以分到三室一厅居室。为了帮助他们更新知识，丽珠送科技人员到国外培训。重奖科技人员，在丽珠已经形成制度。

最后，丽珠还形成了一个开发推广新技术，促进科技成果商品化、产业化的有效机制。科、工、贸自成一体，环环相接，步步促进。在新产品向商品化、产业化转移的过程中，各部门密切配合，共同协力开拓，从而打开了市场。

从丽珠集团的实例可以看到，有了一套适合企业或者部门的制度，就能激发管理活力，形成一个有利于下属的环境，就能激发下属动力，为企业发展做出更大贡献。

规章制度作为企业的一个管理措施，范围遍及企业生产经营管理的各个方面，影响到企业所有内部组织机构的运作。它不仅包括对企业经济活动进行综合计划、控制和评价而制定设置的各种规章制度、记录、复核、分析、检查各种信息资料及报告的程序和方法，还包括企业管理部门用来授权、批准、组织企业的产供销等经营活动的方式、方法等。企业的管理失误在很大程度上也与规章的有无及制度的执行有莫大关系。合理的游戏规则、科学的制度有利于社会共同体的群聚与合作，它比人治更加有效持久。

制度是一个企业能够良好运转的关键所在，是每个老板都应该掌控的管理利器。只有建立一个良好的制度，才能够督促人们在制度的约束下依法办事。另外，规章制度一经建立，就应该严格执行，公司中的任何人不得违反。精细化管理专家刘先明先生说过：“有制度不执行，比没有制度更可怕。”制度一旦建立必须不折不扣地执行，这是原则，决不能变通，老板要坚持通过完善的制度来管人、管事、管物。

一切按制度办事是企业管理工作的根本准则。企业有了制度才能使生产经营活动有条不紊地进行，才能使复杂的管理工作有法可依，有章可循，才能使企业万千之众步调一致。制度怎么规定我们就怎么做，禁止一切形式主义、个人主义、本位主义、经验主义和保护主义。制度的严肃性体现在“制度就是高压线”，有法必依，执法必严，违法必究。

总之，制定一套行之有效的企业管理制度是实现现代企业管理科学化的必经之路。进行科学管理，就必须依据现代企业管理的一般理论原则，结合本地和本企业的具体情况，制定一套行之有效的企业管理制度，这是企业生产、管理得以顺利进行的重要条件。

3. 人人平等，制度面前没有特权

制度是公平公正的保障，其权威性体现在制度面前人人平等。在实施管理过程中，老板可以采用灵活的方法，但一定要坚持原则，令行禁止，在制度面前人人平等，这是管理中必须遵守的规则。

企业的规章制度应该体现出公正与严格。执行起来不能因人而异，无论什么人，只要违反了规章制度，都一律按照违纪来处理，来不得半点偏袒。只有做到一视同仁，制度执行起来才会让人心悦诚服，才不会困难重重。

张某是华为技术部门的一名技术主管，他所带领的团队个个都是技术高手，无论是公司同行，还是被他们服务过的客户对他们十分客气。但是，张某却是个十分严格的人，对于违反制度的下属毫不偏袒，并如实上报总部接受相应的惩罚。

在华为，所有的技术员工都面临着管理上的一个“高压线”，那就是：不允许瞒着公司接私活。如果发现有这样的情况，轻则扣除本月奖金，重则辞退。

面对公司的规定，总有些员工明知故犯，认为“我私自接私活，谁知道”？因此，每当公司工作较少，有空闲时间时，就有一些人利用这些空闲时间出去拉私活赚钱。

有一天，张某到外面会见一个客户，无意间碰到自己部门的两个员工正在接私活。他立刻上前阻止，这两个员工见状，神情有些紧张，不过还是故作镇定，笑嘻嘻地说道：

“张总，这么巧?”

“你们这是明知故犯!”

“张总，我们以后不会再做这样的事情了，你千万不能向上级领导汇报这个情况啊。您看，我们平时关系这么好，你要多关照一下部门里的这群兄弟啊。”

原来平日里，张某和部门里的员工相处得都挺融洽，下班后他们经常一起喝酒、吃饭、玩耍。所以，在他们出现这种情况的时候，他们认为张某既然和他们的关系这么好，就一定会睁一只眼闭一只眼，把此事隐瞒下来。

一边是相处融洽的部门员工，一边是公司的规章制度，对此，张某感到有些犹豫。

经过一天的慎重思考，他最终决定把这件事情上报给公司领导，并主动担责，将责任扛了下来。当然，那两位员工的当月奖金也被扣除了。

得知此事后，这两位有些愤愤不平，还对主管有些埋怨。一天，张某主动找到这两名员工，对他们说：“如果我替你们隐瞒这件事情，其他员工也肯定会效仿你们，到时候，我还怎么管理?如果我们关系真的这么好，你们也应该想一下我的难处。公司是有制度的，如果人人都按照自己的想法来做，那么制度也就没有约束力了，公司还怎么生存和发展?

我想，公司不好了，对你们也不是一件好事吧？作为兄弟，你们应该支持我的工作。”

这两位员工在得知主管也因此受到惩罚时，倍感内疚，从此视制度为信仰，成为一个遵守纪律的人。

制度遵守无小事，制度遵守无特权，在制度面前人人平等。只有在这样的文化氛围里，制度才能得到真正的执行。

用制度管权、管人是正确处理利益关系、妥善解决利益矛盾、促进和保障工作中公平正义的保障。对老板来说也是如此。每个企业都需要规章制度来指导其运营，这些规章制度的制定和执行是老板的责任，所以，老板要带头遵守执行好公司制定的制度。不然的话，管理制度势必成为“一纸空文”，成为粉饰自己的“花瓶”。

在某大型国有企业生产车间门口，门卫提醒前来参观车间的领导戴上安全帽，却被领导的秘书瞪了一眼，并被对方低声呵斥：“懂不懂规矩，没看到是领导来参观吗？”门卫无奈地赔笑道：“对不起，对不起！”

这件事虽然不大，但却折射出一些老板的特权思想。这种思想与他们管理员工、要求员工遵守公司制度是相违背的。不仅破坏了团队的风气，也给管理安全工作留下了隐患。

比如，老板参加会议时，无视墙上的提醒“把手机放入保险柜”，依然带着手机进入会议室，给公司的保密工作留下了隐患，并且手机铃声也会影响会场气氛。制度制定得再好，倡导的口号再漂亮，如果老板首先破坏了，一切都泡汤了。所以规章制度面前人人平等，即使是老板也要遵守，并且也只有老板遵守了，下属才会自觉自愿遵守。

在执行制度时，一定要做到制度面前人人平等，不搞特权。

一方面，老板要做出榜样，对制度要不折不扣地落实，认认真真地照办，做到落实不马虎，执行不含糊，坚决不越“雷池”，不闯“红灯”；要敢抓敢管、动真碰硬，对于随意变通、耍花样等违反纪律的行为要批评斗争。

另一方面，严格责任，强化问责。经常用“责任”二字要求自己，要心中有责，对于职责范围、工作任务要胸有成竹，凡是职责范围内的事情，要干成、干好。同时，老板还要加强对制度执行的监督检查，对执行不力的要严格问责，使失责必问、问责必严成为常态。对任何企业来说，一套完备的规章制度都是必不可少的。只有坚持用制度管权管事管人，把权力关进制度的笼子里，才能约束个人欲望的膨胀，实现企业的和谐发展。

4. 执行不到位，一切等于零

一个制度的成败，其决定性因素往往是执行，因为只有执行才是直接对结果产生作用的力量。一个企业在拥有科学完善制度的前提下，接下来最为重要的任务就是提高全员的执行力。通过坚强有力的执行，把方针政策、目标措施不折不扣地落实到具体的工作之中。这就是现代管理所强调的重在执行、赢在执行。

军事上有句行话：“三分战略，七分执行。”不管决策多好、思路多清，如果不付诸实施，不执行到位，一切都会成为纸上谈兵。没有执行力，再好的战略和决策都实现不了，正如ABB公司董事长巴巴维克所说："任何组织的成功都是5%正确的决策加上95%高效的执行，没有执行，一切等于零。"

日本丰田1957年就打入美国市场，当时有人预言丰田将对通用形成直接威胁。事实也证明，这个预言的正确性，因为不久之后美国三大汽车的市场份额就降到60%以下，日本丰田甚至超过克莱斯勒。

这令包括通用老总在内的美国三大汽车制造商极为震惊，他们一致认为必须仔细研究日本这个竞争对手了，先后派人到日本学习经验。

考察回来的结果是，日本什么都没有，有的就是坚决去执行。

原来他们去考察时，丰田大门敞开，请他们随便参观，随便照相，随便跟工作人员交谈。这令考察的人大为惊诧，难道不怕泄漏什么机密吗？当他们怀着好奇的心参观完之后，才发现几乎每个零件流水线，设备都不是丰田自己的，而且很多都是美国人先搞出来的。一行人越来越奇怪，丰田他们制胜的机密是什么呢？

后来才发现，真正的原因是日本丰田公司的每位员工执行力都非常强。可以做到零库存、新品及时上线，所有的供应商在一起培训，做到一种标准、一种表格，这是美国人做不到的地方。

任何一个立志长远发展的企业都需要制定合适的战略，而合适的战略能否取得预期中的绩效，则取决于执行水平的高低。高水平的执行能力不仅可以保证合适的战略最后的成功，有时候也能挽救在执行中才发现的不那么合适的战略，或者减少不合适战略所可能对企业造成的损失。

被誉为“现代管理学之父”的彼得·德鲁克说过，确定目标不是主要问题，如何实现目标才是决定性的问题。可见，执行力是古今中外都极为重视的问题和普遍的难题。

任何组织都不缺乏伟大的战略，真正需要的是，把战略落实到位的执行力。毕竟，再不景气，仍有公司达到预定的运营目标；构想再伟大，也要有人将它实践出来，这一切靠的就是执行力。

很多企业在成立初期都有一个宏伟的战略目标，其产品都经过了可行性论证，企业有一个良好的发展前景。他们的初衷是好的，但一些企业的目标却不能变成自己希望的结果，甚至很快破产倒闭。原因在哪里呢？这些企业都有着自己明确的规章制度，一应俱全，但这些规章制度却没有发挥出它们应有的作用，在执行的过程中大打折扣，有的甚至南辕北辙，使规章制度成了表面文章。如此一来，公司的一些决策也因执行不到位而付诸东流，公司好的战略和规划则成了毫无意义的空想。

为了适应市场的发展，1999 年宝洁公司把中国的销售渠道做了巨大的调整：取消销售部，代之以客户生意发展部，打破四个大区的运作组织结构，改为按照渠道建立的销售组织。宝洁公司提出了全新的分销覆盖服务的概念，全国的分销商数目由原来的 300 多个减少到 100 多个。

然而，并不是所有的分销商都接受渠道新政，分销商拒绝去异地开办分公司，在当地的销售也不那么积极了，宝洁产品在很多市场局部地区出现空白，分销商的铺货、陈列等工作也变得马马虎虎，宝洁的渠道新政在执行时已经严重变形，无法将产品在规定区域内有效地分销，有效地渗透到应该到达的受众和终端。

分销商对渠道政策理解和执行的不到位、不配合，使渠道运作偏离了原来设定的轨迹，宝洁公司当年应收账款迅速上升，呆死账近亿元；生意也迅速下降。

由此可见，执行力对于企业来说至关重要。一个企业缺乏执行力，老板的意图不能得到很好的落实，企业的各项规章制度形同虚设，企业的整体运转效率就会低下，企业实现其既定目标的能力也得不到保障。

执行力是每一个企业必须面对的首要问题，它直接关乎企业命运，那些长期以来的绩优公司以及最新崭露头角的企业，无一不是具有出类拔萃的执行能力。

美国著名管理学家托马斯·彼德认为，一个合格的战略，如果没有被有效地执行，会导致整个战略的失败；有效的执行不仅可以保证一个适合的战略成功，而且还可以挽救一个不适合的战略，或者减少损失。看看那些业绩斐然的公司，它们无一不是执行力很强的企业。譬如，微软总裁比尔·盖茨曾预言：“微软未来10年内的最大挑战就是执行力。”

曾任IBM董事长兼CEO的郭士纳则将卓越的执行力列为一个成功的老板应该具备的三个基本特征之一。执行力的落实情况关乎着企业的命运，而成为所有企业老板都高度关注并想极力解决的问题——无论你是在经营一家全球性的公司，还是在经营一家小企业；无论你是民营公司的老板，还是跨国企业的CEO，解决不好执行力问题，企业蓝图就会成为泡影，企业更好更快地发展就无从谈起。

执行力是决定企业成败的重要因素，是构成企业竞争力的重要一环。在激烈竞争的市场中，企业的执行力如何，将直接决定企业成败。组织战略和目标仅仅挂在嘴上，是绝对不行的，必须在执行上下功夫，这才是成功的关键。只有执行到位，才能全面提高企业绩效。因此，我们必须正确处理“喊口号”与“抓落实”的辩证关系，做到知行合一。

在强化员工的执行力问题上，要让他们真正认识到制度是凌驾于个人意志之上的，制度一旦形成，无论谁都得无条件服从。这就要求员工对管理制度有一个正确的认识，认识到它与员工的利益是辩证统一的。

5. 有令必行，别让命令打“折扣”

对于制度的执行，很多老板做得最多的就是下命令，下死命令。一个老板每天可能要下很多命令，然而这些命令多无效，直接影响到执行的效果。员工执行得好与坏，在一定程度上取决于老板下命令的方式方法。

命令是管理者管人最常见的一种形式，它可以以文件的形式间接下达，也可以以口述的形式直接下达。“有令必行”是管理工作的通则；

反之，在执行过程中，命令被打了“折扣”，必定达不到预期的效果。这种“折扣”法，在现代企业管理中时常是有的，或者说使命令在执行过程中走了样，变了形，致使企业工作难以有效进展。

沃尔森大学毕业，就开了一家电子科技公司，刚开始有很多合作伙伴支持，业务发展非常迅速，于是沃尔森大规模地扩张。不久公司的资金出现了问题，合作伙伴看到了这种情况，也采取观望的态度。为了争取合作伙伴的支持和长远的发展，沃尔森决定裁员，变粗放管理为精细管理，而且为了怕下属知道公司实情后，会出现跳槽现象，于是这个秘密连自己的秘书都没有告诉。

沃尔森召开了全体会议，只是下达了决议实施裁员30%的命令，并没有说明为什么。消息传出，人人自危，都在想会不会是自己。很多人开始在老总面前表现自己，更有人找老总谈心，表示忠诚。不过，可喜的是，决议定下来后，大家都拼命地工作，以体现自己的能力和忠心。

一星期后，沃尔森听到这些消息，又不忍心裁员，怕裁员影响太大，将严重影响公司的形象和正常的业务，又再决定减薪50%。决议确定，又召开了全体会议，依然只是下达了要减薪50%的命令，同样也没有告诉下属为什么要这样做。

于是每个下属都在算计自己的薪水，控制自己的开支，公司的士气一片低落，甚至有人开始找工作。

沃尔森看到这种情况，只好再变制度。为了挽救危机，最后沃尔森召开了全体下属参加的大会。会上沃尔森严肃地讲：“最近公司的决策都不合理，我们是以人为本的公司，下属是我们生存和发展的基础。企业发展了，下属才能发展；下属满意了，企业才满意。对我们来讲下属是我们最大的财富！我现在郑重宣布，我们既不裁员也不减薪。”大家集体起立鼓掌，非常庆幸能摆脱这种厄运。

“不过，大家不要高兴得太早，如果我们不控制自己的费用，我们只有死路一条。所以从下个月开始，我宣布每个人的半年工资先由财务部代为保管，渡过难关后再发放给大家，你们觉得如何？”话还没有说完，很多下属起立离开会议厅，甚至有些下属流出失望的泪水。

没过多久，下属纷纷找到了自己满意的工作。

一个曾经辉煌的公司就这样倒闭了。究其原因，和沃尔森经常变更命令及下达命令原因不清晰有很大的关系。

可见，发布命令要懂得一些技巧才行。只有最恰当的命令，最正确的命令，才是最有效的命令。作为老板应精通此道，否则在工作中，就会走弯路。

就企业而言，老板下达命令时不够明确，有时会使下属理解不了老板的意图，延误工作，甚至产生更大的反作用力。例如，有的老板在指示下属时，常使用一些含糊的用语，“要尽快把这项工作完成”。“尽快”有多快？也许老板的意思是三天，而下属认为一个星期干完就已经相当快了。如此“语焉不详”就会使上下级之间产生不必要的误会：老板觉得下属不够努力，而下属认为老板没有交代清楚，怨不得自己。所以，切勿用模棱两可的语句命令下属。

在下命令时，老板有必要向下属全面介绍相关工作的情况，这样有助于下属把握全局，发挥工作的主动性，更加出色地完成任务。但老板必须抓住问题的要点，向下属讲明：什么是他要做的，要达到什么样的目的，否则，下属会不清楚他具体负责什么事情。

很多时候，其实老板本人就没弄清楚命令中的要点是什么，所以自然无法向下属讲清其中的要点。向下属下命令之前，老板首先要认真去思考工作的要点，做到心中有数，这样才能把握全局，合理调度。

如果无法让下属准确地明白自己的意图，下属就很难圆满地完成工作。所以在下命令时，老板要注意五个基本原则：清楚、完整、简明、自信和正确。这五个原则基本概括了下命令的方式。老板应对照这五个原则的要求，找出自己存在的问题，并积极进行改正。

给下属下达命令并告诉他们做什么，是一种需要技巧的微妙艺术。在下达命令时，要注意以下 6 点：

(1) 命令有无必要

老板在下命令前，尤应注意这个问题。在实际工作中，许多老板本人并没有弄清某些命令的必要性。

比如，在一项工作未明确之前，就安排下属去进行相关工作，这种工作很可能就是无用的工作，相关的命令也是无用的命令。另外，有些老板见不得下属在工作时间没有事情做，于是就安排一些没有意义的工作让下属不停地忙碌，这也是无用的命令。所以，老板在下命令之前，认真地思考一下命令的必要性是十分必要的。

(2) 正确传达命令意图

下达命令时，老板要正确地传达命令，不要经常变更命令；不要下一些过于抽象的命令，让下属无法掌握命令的目标；不要为了证明自己的权威而下命令。

(3) 大声地下达命令

若你的声音太小，有可能被下属误以为你是在说一件并不重要的事，因此，你必须明确地表示：这是上司在向下属下达命令。

(4) 态度和善，用词礼貌

作为老板，你在与下属沟通的时候可能会忘记使用一些礼貌用语，如“B，进来一下”，“A，把文件送去复印一下”。这样的用语会让下属有一种被呼来唤去的感觉，缺少对他们的尊重。因此，为了改善和下属的关系，使他们感觉自己很受尊重，你不妨使用一些礼貌的用语，例如，“B，请你进来一下”，“A，麻烦你把文件送去复印一下”，等等。要记住，一位受人尊敬的老板，首先应该是一位懂得尊重他人的老板。

(5) 不要超越权限

不要超越自己的权限主要指两个方面的权限。第一，不要对非自己的下属下命令。每个下属都有自己的直接老板，你如果不是他的直接老板，就不应该直接给他下命令。如果你确实需要该下属做一些工作，可以去找他的直接老板，通过直接老板来给他下命令。第二，不要对部门职责以外的事情下命令。每个部门都有自己的工作职责，你不应该命令自己的下属去做其他部门职责范围的事情。

(6) 记下自己的命令

老板往往工作很忙，如果下属很多，有时会忘记自己下达的命令。为了避免这种情况的发生，老板应该将自己下达的命令记录下来，写明下达的对象、命令的内容、完成的标准及反馈时间等。

对于管理规范的公司，应该制定“管理控制表”之类的表格，让老板严格记录自己的命令，这种表格老板和下属各持一份，可作为对老板及下属进行工作考评的依据。这样做也有助于在工作出现问题时分清各自的责任。

6. 制度与纪律，纪律是执行的保证

美国著名的管理学教授斯蒂芬·罗宾斯在《管理学》中曾提到过这样一个事例：

屋子中间生着炙热的火炉，围坐的人如果只顾烤火而不小心翼翼，就很有可能手脚触碰并被烫伤。这使人们毫无疑问地在脑中建立了原因和结果之间的联系，任何人只要用手去碰烧热的火炉时，就会受到“烫”的惩罚。

这种逻辑被称为“热炉规则”，是指组织中任何人触犯规章制度

都要受到处罚。这一法则体现了纪律的约束性。我国古人也说过类似的话——“官法如炉”。制度就像火炉，如果火炉烧得通红，大家都知道会烫伤人，必然心存畏惧，不敢触碰；若有违犯触碰者，必然会被烫伤。

据《左传》记载：孙武带着自己的著作去见吴王阖闾，与他谈论带兵打仗之事，说得头头是道。吴王认为，纸上谈兵不管什么用。于是便出了个难题考验他，让孙武替他操练姬妃宫女。孙武挑选了一百个宫女，让吴王的两个宠姬担任队长。

孙武将列队操练的要领讲得清清楚楚，但正式喊口令时，这些女人笑作一堆，乱作一团，谁也不听他的。孙武再次讲解了要领，并要两个队长以身作则。但他一喊口令，宫女们还是满不在乎，两个当队长的宠姬更是笑弯了腰。孙武严厉地说道：“这里是演武场，不是王宫；你们现在是军人，不是宫女；我的口令就是军令，不是玩笑。你们不按口令操练，两个队长带头不听指挥，这就是公然违反军法，理当斩首!”说完，便叫武士将两个宠姬杀了。

场上顿时肃静，宫女们吓得谁也不敢出声，当孙武再喊口令时，她们步调整齐，动作划一，真正成了训练有素的军人。孙武派人请吴王来检阅，吴王正为失去两个宠姬而惋惜，没有心思来看宫女操练，只是派人告诉孙武：“先生的带兵之道我已领教，由你指挥的军队一定纪律严明，能打胜仗。”

可见，纪律是胜利的保证，没有严明的纪律，小而言之，军队打仗不可能取得胜利，大而言之，一个国家就会乱得一塌糊涂，毫无秩序。对一个企业而言，铁的纪律是企业之根本，如果没有纪律的约束，就会人心涣散，企业毫无生命力可言。

“热炉规则”作为管理中被经常引用的一条规则，在团队的管理中是保证其正常运转的重要屏障。纪律是一切行为的基本依据，也是优秀团队得以发挥战斗力的根本力量源泉。没有了纪律，团队就会像一盘散沙，各自为战，没有前进的方向。管理一个团队，最重要的就是纪律，与纪律相比，其他的一切都是第二位的。

英特尔公司认为，纪律是增强企业运转效率的重要保证。英特尔的总裁葛洛夫从早期企业文化中就领悟出企业提倡纪律的重要性。

从创立初期，葛洛夫认为制造部门必须加强管理，重视清洁，才能有效率地生产。他将这种观念扩充到企业的其他部门，如要求所有的办公桌、档案柜都要整整齐齐，各部门都必须按部作业，无论制造、工程、行销或财务部门，都必须遵守公司的纪律，针对公司的卫生，特别设立“清洁大使”的检查制度，由主要负责人巡视各办公区域，就其清洁程度予以评分。如果哪个人评分成绩不太理想，就得立即清理，并在下周获得较高分数以洗刷前耻。葛洛夫认为只有这样，才能表现出公司的“纪律之美”，才能让机器运转最顺畅，产量也才能最高。

纪律是一个团队生存和作战的保障，一个企业要想保持可持续发展必须有严格的纪律作保证。一个组织，一个企业，没有纪律，便没有了发展的基础。企业，就像一部高速运转的机器，每个岗位都是机器上不可或缺的零件。要保证机器的正常运转，每个零件都必须保持良好的状态。而要让每个零件发挥作用，就得按照机器规定的程序和轨迹来运行。这个规定的程序和轨迹就是机器严密的组织纪律。同样，要保持企业的健康发展，也必须让每个下属按照企业的规章制度工作，严格遵守企业的纪律。

通用汽车公司以生产众多的世界名牌汽车而著称，并一直在美国工业公司中名列前茅。2003 年销售额居美国工业公司的第二位，雇用下属 70 多万人，居美国第一位。如此骄人的业绩正是来自于严格的经营管理和铁的纪律。

创立于 20 世纪 20 年代初的通用汽车公司，在最初发展阶段一直屈居于福特汽车公司之下，福特汽车公司的市场占有率为 45%，通用汽车公司只占 17%。后来，通用汽车公司副总裁阿尔费雷德·斯隆建议，公司的经营管理体制必须进行重大改革。斯隆对通用汽车公司组织混乱、管理无方、纪律松弛非常不满。他认为，像通用这样大的公司，把过多具体问题集中在少数高级经理人身上，这不仅使他们终日忙于事务，无暇考虑公司的方针政策，而且还限制了各级人员的首创精神。

于是，斯隆提出了“集中政策、分散经营”的改革思路。首先就是制定一整套严格的纪律。随后他把公司的任务分为两类，即决策任务和执行任务。公司各级各部门都制定相应的规章制度，分工明确，赏罚分明。当时通用汽车公司纪律之刻板在全世界首屈一指。公司规定，没有遵守企业纪律的下属，惩罚就是管理工作者分内的事。

为了避免发生更多的违反公司规定的行为，通用公司的各级经理人员在行使管理职权时，总是采用更加公平、更加严明的行动去纠正违反规定的人。如果不这样做，那么当其他有违纪倾向的雇员发现有人能“逃脱”处罚时，他们就会朝此方向发展，纪律的刻板也正在于此。

纪律是企业经营和发展的基本前提。无论何行何业，都应将纪律、规章制度放在首要位置，纪律面前，人人平等。一个企业只有纪律严明，管理严格，才能保证生产的正常进行。

纪律性的高低决定执行力水平的高低。一个企业如果没有一个严谨的纪律约束，人心就会涣散，组织就会瘫痪，就像爆发瘟疫一样相互传染，有令不行，该做的不做；更谈不上什么战斗力。一个纪律涣散的团队，再好的生产设备也达不到一流的生产成效，再好的营销方案也不能取得好的经营业绩，再好的决策也会遭遇到失败的结局。没有纪律性就没有执行力，没有执行力就没有一切。企业要取得优异的业绩就必须是一个组织纪律严明、极具执行力的团队。

7. 左手文化建设，右手制度建设

“制度面前人人平等”，表现出了制度绝情的、刚性的一面，但只要与文化结合，就会变得更人性化，更有温度。一个企业或团队要想长期发展，在竞争中立稳脚跟，有两大基础工作必须先做好。一是制度，二是文化。有人将此比作企业和团队的“两条腿”，相互依赖，相互扶助，缺一不可，否则就是瘸子，在企业或团队发展道路上免不了摔跟头，甚至成为残废。

制度是文化的一种外在表现形式，体现着企业的内在精神，强调企业文化建设，离不开制度建设。制度建设对于企业文化的重要性毋庸赘述，现今我们花大力气搞制度建设，也是基于这一点。

然而，在具体的管理实践中，很多老板对“文化与制度”的认识不足，有些还经常陷入一种误区，如把二者对立起来，或者分不清二者在企业管理中的地位与作用。其实，制度也是一种文化，它更多地强调外在的监督与控制，是企业倡导的“文化底线”，即要求下属必须做到的。文化引领企业的方向，制度驱动企业前进。

制度有形，看得见摸得着，它往往以各种规章、责任制、标准、纪律、指标等形式表现出来；文化无形，它存在于人的头脑中，是一种精神状态，往往通过有形的事物、活动反映和折射出来。但两者却是水乳交融，不可分割的，有形的制度中渗透着文化，无形的文化通过有形的制度载体得以体现。

美国新闻集团总裁默多克在谈企业的发展时，强调，企业制度和企业文化是一个企业的灵魂，要想把企业做大、做强，必须重视对企业制度和企业文化的建设。

20 世纪 80 年代，默多克将他的新闻公司改建成新闻集团，并且建立了一个完善的组织机构，包括董事会的建设等。在这方面，默多克对董事会成员的要求是：

一、必须具备企业家的敏锐度，准确把握市场信息，并对风险做出准确判断。

二、必须有着过人的危机处理和公关的能力。

三、对传媒业有着很高的造诣及相应的经验。

四、有战略眼光并敢于冒风险。

五、须具有高素质的老板和管理的能力。

默多克认为，企业必须具有一个完善、严格的制度，企业制度不仅反映了企业的发展规模，而且对企业文化的建设还有着重要的影响。董事会成立之后，默多克又着手建设企业文化。默多克要求新闻集团的高层必须履行以下职能：

一、为新闻集团的近期发展制定一个详尽、可行的发展目标；同时还要求对目标的实现辅以充分的数据来说明目标的合理性。

二、做好本职能的工作，建设自己的团队，形成凝聚力，并发扬新闻集团的价值观。

三、把自己的发展规划和经营思路深入贯彻下去，但不能违背新闻集团大的方针、政策。

四、本职能范围内，优化资源配置；本职能范围外，通力合作，为整个新闻集团的运行做好沟通的桥梁。

一切制度都是人的制度，一切文化也都是人的文化。说企业制度和文化是企业的灵魂，实际上是强调人在企业中的根本地位。在默多克看来，企业的制度和文化建设就是一个企业生存、发展的灵魂，虽然企业的灵魂说起来比较抽象，但它在公司下属的心里是一种价值取向、一个工作目标和工作的使命感。企业不是一大群人体工作机器的松散组合，而是一个个有血有肉、有思想有情感有理性的有机整体，正是

企业的制度和文化，实践了以人为本的科学信条，成为贯穿企业各项工作的生命线。

文化和制度虽然代表着两种不同的管理思维模式——前者是软性的，后者是刚性的，但两者所期望达到的目标是一致的，都是要使得团队治理水平和运行效率得到改善和提升，保障团队发展目标的实现。

具体来说，刚性的制度是构建现代企业管理的基础，形成了企业的骨架；柔性的文化是企业保持生机、活力的基础，形成了企业的灵魂和思想，它们共同作用使企业形成发展的基础和动力，并使企业成了一个生命有机体。

在企业管理中，企业文化和企业制度同样重要。制度永远不可能代替文化的作用，文化管理也不可以替代制度管理。可以说，“制度”和“文化”，就好像是企业的两只手，在一段时期内削弱任何一只都不行。一个企业如果只有文化没有制度，要么自然推动，要么软弱无力；一个企业如果只有制度没有文化，要么执行有力，要么执行崩盘。只有把软性的文化做到极致，把硬性的制度贯彻到底，软硬兼施，才能相得益彰，发挥出巨大的威力。

同样，对团队而言，制度和文化同样重要，左右着一个团队的命运和成败。对一个团队而言，“制度”犹如“实”的，“文化”是“虚”的，但这种“虚”的文化会促进“实”的制度落实得更实在。制度文化离开具体的制度文本就会成为无源之水、无本之木，制度文本离开文化的导向便会沦落为单纯的、生硬的条文。只有二者融合，才能使团队成员心悦诚服地接受团队的行事法则——从而产生一种“我们团队就是这样做”的自豪想法，营造一种具有向心力和约束力的文化氛围，使团队成员把个人奋斗同团队发展结合起来，在实现个人价值的同时也实现了团队的价值。所以，老板在进行团队管理时必须做到一手抓制度建设，一手抓文化建设，实现企业制度和企业文化的一致，形成统一协同的共生关系，推动和保障企业战略目标的实现。

8. 监管结合，为制度保驾护航

制度的执行还需要第三方的监管和监督，如果没有这个环节，执行的结果就无从保证。为了监督和督促制度的执行，保证其公正、公平性。企业必须制定相关的监督制度，成立专门的机构和小组，全面负责绩效考核的监督和管理行为。

制度的执行需要监管结合，如绩效考核这种制度，是很多公司进行绩效管理通常采用的。然而由于使用上的疏漏，或忽视指导与监督，容易出现只重视结果考核，而轻视考核过程的情况，从而使得考核失去公正公平性。

一个完整制度体系，监督制度是必不可少的一部分。企业高层、管理人员在构建企业制度体系时，要建立相应的监督制度，以便督促制度得以更好地执行。

对制度的执行进行监督，主要是指监督小组通过重点检查或抽查的方式，对企业各部门、各项目组的执行情况进行检查。那么老板怎样建立一套与制度相适应的监督体系呢？下面有两点建议可供参考：

(1) 成立一个监督小组

企业成立专门的监督小组，是提升执行力的重要手段。公司成立监督领导小组，全面负责制度执行情况。通常来讲，监督领导小组

<table>
<tr><td>组长</td><td>董事长</td></tr>
<tr><td rowspan="7">组员：
各部门、各项目组主要负责人</td><td>生产部门</td></tr>
<tr><td>财务部门</td></tr>
<tr><td>产品研发部门</td></tr>
<tr><td>人力资源部门</td></tr>
<tr><td>商业运营中心</td></tr>
<tr><td>开发管理部门</td></tr>
<tr><td>营销部门</td></tr>
<tr><td>工作人员</td><td>日常考核监督工作由人力资源管理中心负责</td></tr>
</table>

由总经理或经理办公会成员组成，其他监督成员由人力资源部负责人负责。

监督小组对企业关系重大，在选择组员的时候，一定要经过深思熟虑和详细考察，只有那些办事公正、有责任心的人，才能坚定地落实监督，发挥监督作用，该批评就批评，该责罚就责罚，而且能做到公正处理。由于责任心强烈，他们在做事的时候才会细心，从而为企业建立非常有效的监督体系。

(2) 明确监督内容

检查小组要明确自身的职责，知道从哪些方面下手，监督和检查的内容包括 6 个方面，具体如下：

① 指导和监督各中心、各项目按绩效考核规定进行考核。

② 按照有关规定，做好日常纪律检查工作，对公司各中心、各项目指挥部软环境工作进行不定期检查。

③ 检查各部门、各项目制度的合理性、真实性，是否有隐瞒等情况。

④ 对监督的事件进行详细记录并确认，为最终的确认提供事实依据。

⑤ 总结监督结果，为制度改进提出新的改进意见和方案。

⑥ 查清事实、明确责任，对不合格者，按照相关规定给予扣减分数和降低考核等级的处罚。

对制度的执行依法进行监督是其发挥作用的重要保证。因此，老板不但要重视制度建设，依制度行事，还要树立监督意识，解决制度在落实、执行过程中存在的漏洞和各种问题。同时，要努力提高监督人员的素质，激发监督人员的工作热情，增强工作落实的积极性和主动性，千方百计提高工作效率和工作质量。